対話的生き方を育てる
教育の弁証法
―― 働きかけるものが働きかけられる ――

折 出 健 二 著

創 風 社

は じ め に

いま，我が国では一人ひとりの個の尊厳，個性ある自立が社会的に守られているだろうか。

これは，立憲民主主義の根源となる主題である。ところが，個人の存在が社会のいたるところで不安定で，場面によっては力で脅かされている。それに加えて，「市場の評価が競争結果のすべて」とする新自由主義的な競争原理がますます強まり，社会の様々な場面でひずみや人間関係の困難な問題を生み出してきている。

「人間を知らないうちに世間を見せてやることは，かれを教育することにはならないで，堕落させることになる。それはかれを教えることにはならないで，だますことになる」。

これは J. J. ルソーの名著『エミール』の一節である（『エミール（中）』岩波文庫版，27 ～ 28 頁）。同書は 18 世紀の半ば過ぎに刊行された。「かれ」とは，エミール少年のことで，ルソーが次代を担う人間の教育とは何かを世に問うために，エミールという架空の子どもを主人公にしてその誕生から青年期に至るまでを生き生きと描いた。「社会を見せても」無意味だ，というその「社会」とは，当時のフランス社会における貴族の贅沢で傲慢な振舞い，労働者の抑圧と搾取，貧富の格差などを指している。『エミール』刊行のおよそ 20 年後に，あの世界史上有名な市民革命，フランス革命が起きた。このような時代状況からも，ルソーのこの教育小説は，エミールの育ち・育てられる関係性を説き，教育のあり方による社会のつくり方を説きながら，来るべき市民による，市民のための，市民の社会の到来を予言したともいえる。

それから約 260 年後のこんにち，わたしたちはバラバラな粒子のようにアトム化し，それぞれが自分の防衛に精いっぱいで，そこから他者不信や対立・いがみあい，暴力さえも生じている。しかし，それらは本来のわたしたちの姿ではない。プラトンの「洞窟のたとえ」にある通り，わたしたちが見ているものは洞窟の壁に映る「影」であって，実物が後ろの光に照らされて映っているものである。だから，子どもたちに「人間を知る前に世間を見せても」，未来は見えてこない。この社会の仮象を疑い，批判し，乗り越えてそれらを突き抜けた

ところにある真実と出会う力を身につけなくてはならない。部分部分を見ているかぎり真実は見えない。「真理は全体である」(ヘーゲル)。教育の質的向上は社会の在り方とつながり，社会の発展は教育の真の解放とつながっている。この見通しを持った教育への問いかけが今こそ必要である。

　市場原理優先の社会の様々な事象が影響して，子どもたちの間でも，いじめ・不登校・非行・暴力・虐待そして貧困問題などの，発達に大きな影響を及ぼす諸問題が続いている。その詳細は本文で述べていくが，おとなとして子どもたちと共にどう生きるか，が社会全体の大きなテーマになっていることは確かである。筆者の孫で小学五年の男児が名古屋に帰省した際に，名古屋駅近くにある高層のスパイラルタワーズを見て自分の住むある地方都市のことを思い浮かべたらしく，「(自分の街も)もっと未来感のある建物があったほうがいい」と言った。子どもの未来志向に働きかけるならば，共に歩むうえでの手ごたえはあると筆者は直感した。

　しかし，子どもの世界だけを見ても，問題は多様化し複雑で，一人の保護者，一人の教師だけでその実態をつかむことは難しい。「子どもが見えない」「子どものことが分からない」という悩みは古くて新しいテーマである。ただ，はっきりしていることがある。それは保護者でも教師でも，また教育相談活動の実践者でも，子どもに働きかけることで子どもの反応や応答を通して，子どもを知ることである。ここには「働きかけるものが働きかけられる」という，城丸章夫によって明示された実践の定理がある。その言葉は，若いマルクスが述べた「人間は環境と教育の産物であるが，環境がまさに人間によって変えられ，教育者自身が教育されなければならない」(『マルクス・エンゲルス全集』第三巻，592頁。エンゲルスによる校訂)というテーゼに由来する。

　ここに流れる教育活動の基本的な捉え方が弁証法である。本書は，子どもたちと共に生きるこの現実を読み解き，打開の道を切りひらく認識論，実践方法論として「弁証法」を位置づけ，その体系的な探求で知られる哲学者・ヘーゲルの思想(人間の知に対する認識論)を拠り所に，教育と教育学のあらたな構築を目指すものである。それと共に，浅学の管見と批判を受けることを承知で，ヘーゲルの弁証法的で事実論証的な思考様式を哲学の世界の高みにおいたままにしないで，もっと民衆の生き方やたたかい，社会変革のための日々の思考や行動の指針として生かすべきではないかと筆者は考えてきた。生きづらさを抱えている人々，競争の流れからこぼれ落ちていく人々，そうした人たちにこそ

弁証法は力になることができると信じているからだ。その試みを本書では，教育論として進めていきたい。

　序章で筆者のヘーゲル哲学との出会い，その代表作『精神現象学』から学んだことをまとめ，その哲学的思考様式を参考に知の在り方を展開する。第Ⅰ章および第Ⅱ章では，特にヘーゲル哲学から引き出した「自立性」と「アザーリング othering」概念を中心に人間形成の原理と子ども理解の視点について述べる。

　第Ⅲ章は，最近の教育改革論議の中であいまいにされている「人格形成」とは何かを教育の基本に立ち返って論述し，第Ⅳ章，市民的自立の学校と教師・保護者，第Ⅴ章，いじめの問題史といじめ克服のための指導過程などを詳しく述べていく。筆者は，2017 年から「私学をよくする愛知父母懇談会」の会長を務めており，第Ⅵ章で，この教育運動の中に見出す自立のテーマ（学びと交流）も取り上げた。終章となる第Ⅶ章は，「いま何を為すべきか」で締めくくりたい。

　序章は哲学の専門用語が出てきてわかりにくいかもしれないので，それ以外の章から入って後で序章に戻っていただいてよいと思う。

　本書は哲学の本を目指したものではない。あくまで子どもの人格形成をいっそう豊かにする教育をどうとらえ，どう築いていくかを軸に，それにふさわしい実践的な関係性を問い可能性を探ることを目指している。その凝集される言葉が「働きかけるものが働きかけられる」である。この原理を実践に役立つように展開するには弁証法の方法論がどうしても必要である。その詳しい内容は本書の各章で展開している。

　子どもの成長可能性を信じて，揺れながらも子どもと向き合い，自分で自分を元気づけながら歩むすべての人に，本書が何らかのヒントになることを願っている。

折 出　健 二

目　　次

はじめに……………………………………………………………………………3

序　章　ヘーゲル『精神現象学』から学ぶ……………………………………13
　　はじめに……………………………………………………………………13
　　第1節　ヘーゲルが『精神現象学』に込めたもの……………………14
　　第2節　「意識の経験」とは，生きること………………………………20
　　第3節　「意識・自己意識・理性」の発達過程が意味すること………26

第Ⅰ章　教育における関係的自立………………………………………………33
　　　　――自己と他者の弁証法――
　　第1節　ヘーゲルにおける Selbständighkeit の意義…………………33
　　第2節　関係的自立と他者の意味………………………………………35
　　第3節　子どもの精神世界と関係的自立………………………………37
　　第4節　発達支援の意義と役割…………………………………………40

第Ⅱ章　人間的自立の支援とアザーリング…………………………………45
　　　　――対話的生き方の可能性――
　　はじめに……………………………………………………………………45
　　第1節　アザーリング（他者化）・関係性からみる発達のとらえ直し………46
　　第2節　発達の支援と権利論を内側に織り込んだ参加民主主義の
　　　　　　集団像……………………………………………………………53
　　第3節　子どもの発達支援をめぐる問題………………………………56

第Ⅲ章　子どもたちの人格形成と教育の基本……………………………61
　は　じ　め　に………………………………………………………………61
　第1節　教育基本法「改正」の問題点………………………………………62
　第2節　個性・能力・人格をどうとらえるか……………………………68
　第3節　市場原理から自立した教育創造…………………………………72
　第4節　真の教育改革のために……………………………………………76
　ま　と　め　「人格の完成」の教育理念の復権を………………………78

第Ⅳ章　市民的自立の学校と教師・保護者……………………………81
　第1節　教師の自己回復………………………………………………………81
　第2節　学校における対話的生き方の可能性……………………………84
　第3節　子どもにとって他者であること…………………………………91
　第4節　子どもと教師・保護者がつながる対話のちから………………93
　ま　と　め…………………………………………………………………………95

第Ⅴ章　いじめの問題史と克服のための課題…………………………97
　　　　　──教育方法論の立場から──
　第1節　いじめ問題の動向とその論点……………………………………97
　第2節　教育方法研究の中のいじめ問題…………………………………101
　第3節　いじめ問題をとらえるパラダイム転換…………………………108
　第4節　いじめの構図再考…………………………………………………113
　第5節　映画作品が描いた問題の本質……………………………………117

第Ⅵ章　市民の教育運動にみる学び・交流の弁証法……………………123
　　　　──愛知父母懇の活動を例に──
　第1節　愛知父母懇とは何か………………………………………………123
　第2節　父母懇活動の目的と組織性（総会）…………………………126
　第3節　愛知父母懇の理論的支柱（二つの著作）……………………129
　第4節　苦難から立ち上がる弁証法……………………………………136

第Ⅶ章　対話的生き方の教育，何を為すべきか…………………………139
　第1節　なぜ対話的生き方を問うのか…………………………………139
　第2節　最近の道徳教育の問題点………………………………………142
　第3節　〈管理なき管理〉の徹底：教育政策の分析…………………146
　第4節　対話的生きかたについての指導と集団づくり………………149
　お わ り に……………………………………………………………………155

あ と が き………………………………………………………………………159

対話的生き方を育てる教育の弁証法
—— 働きかけるものが働きかけられる ——

序章　ヘーゲル『精神現象学』から学ぶ

は じ め に

筆者は，広島大学教育学部4年生の時に卒論でドイツの哲学者・ヘーゲルの『精神現象学』（樫山欽四郎訳）を取り上げた。同書は，哲学の専門家の間でも難解とされる書で，教育学専攻の筆者としては悪戦苦闘して読んだ。正確には，読むことに必死だった。樫山訳の温かみのある表現によって世界史と共に自分史を重ねながら読むようにすると，少しずつわかってきた。ある時，「自己意識」の章に出てくる「主人と下僕」の叙述に出会った。それは互いに自己承認を求めてたたかう闘争のことであった。その淡々とした説明のなかにも大きなうねりの変化（変革）を予見させるロジックに出会い，頭が冴えて夜眠れなかった。卒論はどうにかまとめて提出できた（1970年度）（拙い卒論は，拙著『変革期の教育と弁証法』創風社に補論として収めた。ヘーゲルとの出会いなど学生時代の自分史は，小著『他者ありて私は誰かの他者になる――いま創めるアザーリング』で述べた）。

ヘーゲル哲学との出会いがあったことが根源なので，本書では「弁証法」（べんしょうほう）を書名に入れた。筆者にとって，若い頃から現在に至るまでヘーゲルはこの人生を支え続けてくれた哲学者である。彼が体系立てて明らかにした，世界を知る認識方法が弁証法である。現代のこの混とんとした状況でこそ，弁証法は甦る。「弁証法」は，『広辞苑』第7版によると次のように説明されている。「意見（定立）と反対意見（反定立）との対立と矛盾の働きが，より高次な発展段階（総合）の認識をもたらすと考える哲学的方法。（略）ヘーゲルはより積極的に，全世界を理念の自己発展として弁証法的に理解しようと試みた」（同書，2654頁）。

ヘーゲル（Georg Wilhelm Friedrich Hegel ゲオルク・ウィルヘルム・フリードリッヒ・ヘーゲル　1770〜1831年）については，『ブリタニカ国際大百科事典』で中埜肇が丁寧な解説をしている（同書，第17巻，890〜893頁）。そこでは，ヘーゲルの「論理学」「自然哲学」「精神哲学」の相互関係と内的展開は弁証法的である，とされている。その中で中埜は「心が心みずからと対話する」という説

明句を入れていた。ここに弁証法の真髄がシンプルに表されている。弁証法は，あらゆるものがその対象（他者）と対話する関係にあると見る認識方法である。そのことは，あらゆる存在それ自体が弁証法的であることを表わしている。この存在の弁証法性，認識の弁証法性，連帯や協働の弁証法性をとらえることが，真の意味で，わたしたちの平和的な生存を守り，実現することにつながっていく。その思いを込めて「対話的な生き方を育てる」とした。

　ヘーゲルの名著『精神現象学』（原著は 1807 年，彼が 37 歳の時）を何度も読み返した筆者のささやかな学習をベースに，生きること及び物事の関係を弁証法的にとらえるとはどういうことかを考察する。より多くの読者に弁証法の魅力に近づいてもらうために筆者なりの力でまとめたが，その援けとして，樫山欽四郎訳の『精神現象学』（平凡社ラブラリー。元は，樫山訳『世界の大思想 12　ヘーゲル精神現象学』河出書房新社，1966 年）を基に，樫山『ヘーゲル精神現象学の研究』，加藤尚武編『ヘーゲル「精神現象学」入門〔新版〕』有斐閣などをテキストとして扱った。原著は，G. W. F. Hegel Werke in zwanzig Bänden3　Phänomenologie des Geistes, Suhrkamp, 1970. を使用した。

　ヘーゲルの哲学に関連して国内外の研究者の研究成果からもおおいに学ばされたが，それらの文献の一覧は本書では割愛した。

第 1 節　ヘーゲルが『精神現象学』に込めたもの

1　現代と向き合うこと

　樫山欽四郎『ヘーゲル精神現象学の研究』によれば，ヘーゲルは，当時,「現代」と正面から向き合ったから，フランス革命＆ナポレオン時代，イギリスの産業革命，そして自然科学の成果について,事実を踏まえた正しい見解を持っていた。ヘーゲルは時代の変動に対してきわめて敏感で，近代の矛盾や自己疎外状況をとらえ，次の時代に突き抜けていくために近代思想の総決算的な取り組みをおこなった。

　その主題は一言で言えば，近代における理性的主体としての個の尊厳と自由を追究することにある。だから，ヘーゲルの哲学（弁証法哲学）に対しては，同じような課題意識を持つキルケゴール（デンマーク），サルトル（フランス）が実存哲学として立ち向かった。ニーチェ（ドイツ）のいう「神は死んだ」の

立場は，絶対知によって神の存在は吟味され意味づけられるとして哲学の優位を説くヘーゲルとの親近性があるし，マルクスは階級対立による歴史の発展と資本の論理批判を軸に近代的な個の解放を目指した点で，ヘーゲルの真意を受け継いだ面がある。

このように，当時の歴史的変動の先端でヘーゲルは『精神現象学』をまとめたのだから，同書以降の哲学から振り返って同書には何々が不足しているなどと語らないことが大事だ（樫山）。

高山守によると，同書は自由の哲学として探求してきた事柄を体系的に述べようとした。カント的には悟性はものごとを限定する力であるが，理性は，悟性と自然の分離の関係並びにその反映としての物事の「非同一性」を打ち崩して，「絶対的な同一性」（折出注記：どのような激変においても変わらぬ一貫した主体であること）を実現するものとされた。理性は，本来わたしたちに宿っている，自由な主体である自己を実現しようとする合目的的な活動のことである。

2　『精神現象学』の内容構成について

『精神現象学』目次の「意識，自己意識，理性」と「精神，宗教，絶対知」の間には断層がある（樫山）。なぜ，こうなったか。樫山によれば，以下の経緯による。

はじめは，「意識の経験の学」としてスタートし，青年期（イエナで過ごした時代）を通じてヘーゲルが探求してきた哲学体系をのべるために，その入り口として「緒言または緒論」（Einleitung）を書いた。それは，「意識，自己意識，理性」という，個人的な実存としての自己形成史の内容への誘いであった。

ところが，彼が書き進むうちに，「精神の現象の学」としての総括が必要だと考えた。すなわち「精神，宗教，絶対知」である。これは，個人を超えた，普遍的，社会的，歴史的な主題である。この「精神の現象の学」のための「序説または序論」（Vorrede）を後から書き足して，全体の初めに位置づけた。この「序説」では，学そのものはどういうものか，という根本のテーマに彼は挑んだ。こうした結果，同書には「序説」があってすぐ「緒言」が続くという珍しい構成になった。

『精神現象学』の出版は 1807 年。ちょうどナポレオン軍がプロイセン（ドイツ諸邦）に攻め込んで，ヘーゲルのいたイエナに侵攻してきた時だった。その前夜に，ヘーゲルは同書の草稿を書き上げ，それが戦争で紛失するのを恐れて

急ぎ印刷にまわしたといわれており，このような緊迫した事態も，同書の構成の，前半と後半の断層と見られる珍しい構成に影響している。

　一方，ヘーゲルは，民衆蜂起による革命によって共和制に道をひらいたその同じ国（フランス）でナポレオン帝政時代に変わっていくことを間近に見て，歴史の激動の内部にある矛盾と対立が次への発展を突き動かす力だという，ダイナミズムをとらえていた。それが『精神現象学』での弁証法の叙述になっている。

　ヘーゲルの弁証法を「正・反・合」として三段論法のようにとらえて解説する向きもあるが，そういう形式的な固定（悟性的な判断）を批判し超えていく動的思考を確立しようとしたのがヘーゲルである。彼がそのような定式化をしたかのようなとらえ方は誤りである。まさに，彼の思考様式はアクティブ・シンキングである。

　ヘーゲルにあっては，あらゆるものが常に運動するものとしてあること，すぐにはその本質ははっきりとは見えないが必ず現れる（そのものが必然的に現す）こと，それは存在するものにおける「即自」と「対自」の論理（次節で述べる）によって解明されること，ここにポイントがある。

3　ヘーゲル哲学のキーワード

　高山守の整理によると，ヘーゲルが明らかにした弁証法哲学のキーワードは「即自」と「対自」である。それぞれ，以下の内容である。

（1）「即自」an sich（in itself）
　それ自体として成立していること。一般にはまだ知られていない。しかし，ヘーゲル的には，いずれその姿を現すものとして哲学者（絶対知の探究者）にはわかっている。以下に，現代的な事例を紹介し，「即自」の意味を考える。

　2016 年にノーベル生理学・医学賞を受けた大隅良典東京工業大学栄誉教授の研究された「オートファジー」は，細胞の持っている働きそのものが認知され，生命活動に働くその積極的機能が理論的・実験的に解明されたことを裏付けた。

　ある解説によると，「古くなった細胞や外部から侵入した細菌などを食べるお掃除細胞，マクロファージがよく知られているが，人体に数十兆個あると言われる細胞ひとつひとつの中でも，古くなったタンパク質や異物などのゴミを集めて分解し，分解してできたアミノ酸を新たなタンパク質合成に使うリサイク

ルシステムが働いている。このリサイクルシステムのうち分解に関わる重要な機能がオートファジーである」。大隅栄誉教授は、「細胞内部にあるタンパク質を分解し、あらたなタンパク質を合成する」オートファジーの機能に着目して、「受精卵の発達段階から脳細胞の活動まで、生命活動のさまざまな部分に関わっていること」の基礎を明らかにしたとされる。

（以上は、『東洋経済オンライン』2016年10月3日付記事（小長洋子）より要約して引用。URL=https://toyokeizai.net/articles/-/138721?page=2）。

　人間の生命をつかさどる細胞の活動は、「即自」の原型ともいえる運動の姿であって、ヘーゲルはそうした科学の当時の知見や情報にもアンテナを張って、これらの事実を概念化することに専念したとされる。よって、ヘーゲルを「観念論の大家」等で片づけるのは、ヘーゲルの弁証法、彼の探究した認識過程のダイナミズムを知らない人の言うことである。素材で立証する立場materialismを我が国では「唯物論」と呼称しているが、ヘーゲルの『精神現象学』には随所に唯物論に近い視点や知見が述べられている。

（2）「対自」for sich（for oneself）

　他と関わることで、自分自身に相対している、自分自身と向かい合っていること。「向自」とも訳される。これは、意味としては分かりやすいのではないか。読者一人ひとりの身に即して言えば、「私」が他者と関わる中で自己自身と相対している。イメージしやすいのは、思春期に、異性（あるいは同性）への恋ごころで、相手の中に受け止められている「私」をいつも敏感に気遣い、その「他在」を知ることでますます自己自身と向き合うようになる。その経験が「対自」の何かを物語っている（恋愛が人を輝かせ、育てる、というのは弁証法の哲学からも当たっている）。

　教師の仕事について言えば、子どもとの関係性において、子どもの中にある自己の影響を「他在」として認知しながら、そのように子どもと関わることで「対自」を際立たせ、それがその教師の指導性あるいは指導力の何らかの要素になっている。

　しかし、そこに変化が生じた。2006年から導入された生徒指導の「ゼロトレランス方式」は、「不寛容」主義で、規律を乱したり指導にしたがわなかったりする者を、文字通り、徹底して学校から排除するやり方である。「例外なき指導」とも言われる。そのため、教師にとっては、指導が困難であるがゆえにそれだ

け相手の中の「他在」を介して「対自」の関係を深く，豊かにしていく機会を自ら潰している。したがって，それは，教育が教育であるために不可欠の子ども・教師関係の真実，互いに学びあい・育ちあうという「真なるもの」が生成し展開する過程を妨げるものとなる。このことは，教育実践に内在する弁証法のロジックを潰すことであるから，「ゼロトレランス」は「ゼロ・ディアレクティクス」（弁証法的発想ゼロ）と，象徴的に言っても過言ではないであろう。

　子どもたちの社会でも，相手を「死ネ・キモイ・消エロ」などと，相手との関わりを単純否定する発語の乱用は，相手の中に見出す自分の「他在」の感覚的チャンスをもともと自分から壊し，押しつぶす行為であるから，そのぶん，自分の中での「対自」はうまれにくい。またその行為は，「即自」と言えるほどには自己自身に基づいてはおらず，表面的な自己欲求のそのままの感覚的表出が主となっていて，子どもの「即自」性を育てるものではない。明確な他者との交流，他者の中に自己を見出す体験なくして，確かな即自性は引き出されず，よって，自己の中に形成される「内なる他者」との対話（自己内対話）を含む自己確立には至らない。

　また，今流行の「言語活動」の教育も，例えば物語教材のある場面で想像したことを言わせたり，お話をつくらせたりすることは一見活発だが，「他者」と関わる視点を意識化させることがなければ感覚的な内面吐露でおわって，「対自」としての思考の厚みあるいは思考の運動を引き起こすことがあまりない。そのため，おしゃべりはするが，何を伝えたいのか，何を共有したいのかが見えにくい・わかりにくい発話になって，クラスでの「話し合い」は活発であるかに見えるが，それぞれが「他者」に届けようと発話していることがないので，共有も絡みもない。したがって，物事の関係や意味を問う討論にはならない。

　そこには教科学習で培われる概念化の力がどうであるかも関係しているが，「対自」のロジックを育てない（意識化させない）「言語活動」主義の落とし穴（陥穽）がそこにある。これは，まるで，政府が，一定の発言はできるが真の討論はまきおこらない程度の国民の言語性を意図して「言語活動」教育を導入・推進しているのかと疑うほどに，不思議な事態である。

（3）「真なるもの」Wahrheit（truth）
　他と関係し他によって規定されることによって自らにとどまる（変わらぬ）存在となるもの。その「他在」も自分自身であり，徹頭徹尾，自分自身のうち

序章　ヘーゲル『精神現象学』から学ぶ　**19**

にとどまる。「他に開き他と一体化すること」（高山）とも言われている。

　ヘーゲルがドイツ語の特性を使って，「知覚する wahrnehmen」とは「真なるもの das Wahre を受け取る nehmen」ことだというのは，単に言葉遊びをしているのではなく，わたしたちが認識主体として対象と関わることの意味を言い当てている。上述した大隅栄誉教授の研究にも「真なるもの」の発見という認識過程が端的に出ている。

　その受け取った対象の情報を区別したり分類したりするのが悟性の力である。しかし，現実には様々な矛盾に出会い，悟性の力だけでは現実を総合的にとらえられない。その矛盾・対立が，存在するあらゆるものを関係づけ，存在の運動として展開させ，発展させる。このことをトータルに，生き生きとつかむ力，これが理性である（加藤，114 頁以下）。

　F. エンゲルスは，ヘーゲルのこうした洞察を受けて，「自由とは必然性の認識である」（『反デューリング論』）と述べたが，これは，ヘーゲルの「理性」概念を，人間主体の可能性，歴史の中を生きる意味の探究としてさらに具体化したものといえる。

（4）実体と主体　Substanz, Subjekt（substance, subject）
《A Hegel Dictionary》（ヘーゲル事典）によると，ドイツ語の Substanz は，ラテン語 substare（基底に横たわる，影響を受けている，現存する）から来ており，その根源的な意味は「主体」を意味する subject に非常に似ている（285 頁）。

　ヘーゲルは『精神現象学』において，自分の体系的な叙述は「真なるものを実体としてではなく，同様に主体として把捉し，表現することである」としている（加藤編，35 頁）。

　「実体」と「主体」は，次のようにとらえられる（加藤編，36 頁以下）。

　① 実在する真理の全体を実体とする，② それは「自分から自分を明らかにする真理である」，③ 実体は，自らを展開する動的なものである，④ 個人が自分の本当のあり方を国家という実体に見出すことは個人が普遍化することであり，国家という実体が主体になることである（個人が自己を普遍化して理性の高みに達していること）。

　ヘーゲルは「真理は全体である」ととらえた。その「全体」が実体である。つまり，世界の基底に横たわっている真理である。しかも，それは自ら動いて展開する，動的な主体である。例えば国家という実体を考えてみよう。国家か

ら見ればわたしたち個人は小さな粒のような存在であるが，そのわたしたちが主権者にふさわしく，理性の力で自己を表現できるように高まっていかないと，国家は国家としての実体を現せない。その実体を現してはじめて国家は国家となれる。この運動は，個人の国家への単なる従属ではないし，国家による個人の同化・支配でもない。「横たわる世界の真理」を個々人が読み解くほどに知的・理性的に高まることで国家が理性的な国家として現れる。こういう相互作用による発展であり，ここにも確かに弁証法が働いている。

その「真理」は信仰の対象ではなく，「対象としての対象」，つまりその客観的なあり様を吟味して認識するというように働く知の対象である。だから，立憲主義とは何かを問うことは，国民の一人である「私」が国家という普遍的な対象を問うにふさわしい存在となっているかを問うことであり，国家をつかもうとすることは主権者としての平和・幸福追求などの主体が保護される状態であることをつかむことである。このように国家と個人を様々な反省を経て能動的に意識すること（自覚する）が，国民として生きる弁証法なのである。

これを国家の側から見れば，国家＝自己はどういう認識対象であるかを構成員である諸個人に問われ続けることで，国家は国家という実体たりえる。そのような諸個人の認識交流を経ずしてある特定個人が国家の権限を独占するのは，国家の普遍性にも，諸個人の普遍化という人生の課題にも反し，それは国家の原理からするとふさわしくない。しかも，専制的な国家は国家という基底のしっかりした状態ではない以上，すぐにか，しばらくしてか，そういう国家は瓦解していく。もともと実体としての確かさがないのだから当然である。

第2節　「意識の経験」とは，生きること

ヘーゲル『精神現象学』では，意識の経験として，前半で「感覚的確信　このものと思い込み」「知覚　物とまどわし」そして「力と悟性　現象と超感覚的世界」が述べられる。

これらはすべて，意識と対象の関係を分析したものである。そのテーマは，意識はどのように対象をとらえるのか，それは対象の真なる姿をとらえているのか，である。

1　意識は対象とどのように関係するのか

　感覚は，直接に具体的な物を体験するので豊かな内容を持つが，たとえば円筒形に見えた塔が近づくと多角形の塔であったとか，感覚の思い込み（感覚的確信）は経験の事実によって覆される。このように，感覚は，「いま」（時間）「ここ」（空間）で具体的な事物をとらえたつもりになっていたが，それは時間が移り場所が移動すれば，真理ではないことに気づく。

　しかし，目の前の個別の対象は変わっても，その対象をつかもうとする「いま」「ここ」の感覚の働きは変わりがない。どのように時間が移っても「いま」はあり，場所が変わっても「ここ」がある。普遍的である。ここに感覚の逆転，すなわち個別対象に向き合う経験から，普遍を発見するという「逆転の弁証法」が生じている。

　これが，ヘーゲル流の，意識と対象の差異の承認，そしてその差異の無化・解決の方法論である。すなわち，その変化の形式が弁証法である（加藤，59 〜64 頁）。

　では，意識と意識する主体との間に生じる差異はどうか。

　「いま」「ここ」と同じことが「私」にも言える。木を見る「私」，家を見る「私」は別個の「私」でありながら，対象が変わろうとも対象と向き合う「私」は消えない。普遍的である。その普遍的な中身をどう意識できるのか。これは次の「自己意識」のテーマに譲ることになる。意識するものと意識されるものとの差異の無化・克服という，とても重要なテーマだからである。

　さて，感覚が対象の属性をより知ろうとする場合，そのような意識の状態をヘーゲルは「知覚」とした（加藤，64 頁以下）。知覚は，対象物の多様な性質を知り，しかもそれらの合わさったものが同一の物であることを知る。白い・辛い・立方体の形状・重さを持つなどの塩の特性を知覚する例がそれである。

　このように，塩は塩であるのに多様な性質をもつ，という物の単一性と多様性の矛盾に気づくのが知覚の特質である。その知覚によって，物には，その矛盾を内的に有しながら存在するという，その物固有の力があることを知る。これが，意識としてはさらに質的に高い，悟性の段階である。悟性は，様々な物の分析を経験して，物に働く法則性を確認する。

　しかし，悟性の対象は，静的な物だけにとどまらない。内部の矛盾する働きを有しながら力として運動する存在として顕著なのは，生命である（加藤，95

頁以下）。生命は，個体としても，類としても，非同一性と同一性という内的矛盾を原動力として発展する存在である。

ヘーゲルにおいては，矛盾は，形式論理としての静的なそれではなく，躍動的な，否定性，対立を内に含んだものである。

同一なものは必ず分裂し，その分裂をテコにして次の質的に異なるものへと自己を止揚していく（「止揚」とは，ある要素は棄てながらその物の本質的部分は保持する変化の状態をさしている。ドイツ語の aufheben の和訳）。

ヘーゲルの『精神現象学』は，生命の存在根拠とその自己認識の過程を，世界史と個人史とを一体にして論証した（跡づけた）哲学書ともいえる。

この「意識の経験」は現代人にもあてはまる。2016 年 11 月 14 日夜の「スーパームーン」は，1 年で最も月が地球に接近して起こる現象であった。月自体は同じであるのに，約 14％，今までよりも満月（月の円盤の形）が大きく見えた。これは知覚と月（対象）の関係を示す格好の出来事であった。確かに「スーパーに大きく」見えた。いつも見る月と比べると，この大きな円形の月は別物のように見えた。それが知覚の働きである。しかし，地球と月の関係を吟味することで，月が地球の周りを楕円の形で回っているために起こる現象であることがわかる。ここにも，哲学のテーマが関係している。他の例では，コップの水に入れた割り箸がコップの外から見ると折れ曲がって見える現象でも同じことがいえる。意識は目の前の対象を知るけれども，そのとき見えている事象がそのまま対象それ自体の真の姿を現しているとはいえない。対象は真に捉えられたのかと吟味することで，意識は対象をとらえる自己自身（意識の主体）をも吟味することになり，この対象と意識の関係を正確にとらえてこそ「知とは何か」についての認識は完成する。ここがヘーゲルが力を注いだ哲学的関心事なのである。

2　自己意識

意識は対象との関係を様々な経験で繰り返し，対象それ自体に法則性があることを知る（対象の引力あるいは運動の規則性）。これが「悟性」である。だが，「悟性」は，「感覚的な思い込み」と比べると，対象について見えないものを見て，対象の属性を反映できる点では優れてはいるが，まだそのように対象を知るに至った意識自身の認識，つまり己れ自身がどういう存在かを知り得ていないので，そこに不安定さがある。

意識は，対象を概念としてとらえるのと同じように，自分を概念としてつかまなくてはならない。それが「自己意識」（ドイツ語 Selbstbewußtsein）である。例えば，荘園の所有者（主人）と彼に雇われている下僕の関係で見ると，下僕はこれまでただ支配され虐げられてきたように己れを感じていたが，そうではない。下僕の「自己意識」とは，自らの労働によって主人が暮らしていけること，そうであれば，支配されている自分が主人の暮らしを支配している（規定している）といえることを自覚することである。であれば，ただ使われるものとしてではなく，他者の存在とくらしを規定している主体として，自己を自己として，他者にとっての自己としてだけではなく自己にとっての自己として，現れることが可能である。

　これが有名な『精神現象学』における「主人と下僕の弁証法」である。意識の質的変化の弁証法として存在する者どうしの変革（革命）とは何かを論じ，それはきわめて論理的な営みとして本質が現れるべくして現れるように進行すると，ヘーゲルは説く。この「主人と下僕の弁証法」は，「承認をめぐる闘い」（加藤編，92頁）とも呼ばれる。ここでの「自分」と「相手」との関係は，「互いに承認しあっているものとして互いに承認しあっている」ことが大事な要件となるのである（加藤編，93頁）。

　意識は物や事を対象としてこれらを感覚・知覚・悟性の次元で意識するだけではなく，その意識自身を対象とすることができる。これが「自己意識」である。

　自分が何者であるかを，他の誰かによって「啓蒙」されるのではなく，みずから明らかにする（冒険の）知の旅に歩みだすのである。ここには，近代の自我確立に通じる，パワーを持つ市民的主体のイメージがある。

　そうして，意識を対象とすることは，意識する存在どうしの在り方を知り，支配が実は従属と受動の位置に，被支配が実は主導的な位置にあることを知ることに至る。「主人と下僕」の関係を例にした「相互承認」の問題は，正確には，社会における意識主体同士の相互関係を読み解くことである。そして，それは支配と隷属の転覆をも意味する構図なので，承認をめぐる闘争，として説明された。

　つまり，意識は，自分の意志や欲望を突き放し，（客観的な類的存在としての）その本質のつかみに乗り出す。それは，自分をも対象化して，自分を含めた存在を客観的に見る意識である。これが「理性」である。

　自分への囚われを棄てる。そのことが物事，つまりあらゆる存在の運動を客

観的にとらえ，概念として認識できる「理性」の働きに通じる。このことがなかなかわからないで，自分中心に囚われて世界から大いに不評を買っているある国の大統領もいるけれど。

　自己を棄てる，とはネガティブに聞こえるかもしれないが，そこが弁証法なのである。自己を棄てるのは，世界という他者の中に自己はもっと豊かな姿で存在していることを発見するためである。食料の生産，道具の生産，教養，芸術，体育などなど，いわゆる文明と文化の中に（理性にとって）自己は生きてきたし，生きている。

　意識が，意識する主体である己れを意識の対象とするのは，その自分への意識化を超えていくためなのである。

　今日，我が国では「自己責任」が相変わらず喧伝されるが，社会的で集団的な意識の持ち主に成長するほど，みずからの責任を自覚し行動できるのである。個別のみを対象にして「自己責任」を言えば言うほど，人と人の関係は断絶され，孤立し，いろんな世代で人間関係が解体している。原理はシンプルなのだ。自己が何者かが見えないままに「自己責任」を問われるのは，場合によっては生きることをやめよといわれているようなもので，感覚的には本当につらいのである。ここにも，ヘーゲルの人間関係に対する哲学的考察が現代人にも大きなヒントになることを示唆する面がある。

3　理性の働き

　ヘーゲルの『精神現象学』は，「意識の経験」の過程を考察し，質的に高まった「理性」を論じることで，「意識の経験の学」として完結する予定であった。彼は，「理性」の叙述には，原著の全体の3割近くを占めるほどに力を入れている。

　ところが，彼は「理性」を掘り下げるうちに，質的に高い知の状態で，現実的なものに内在する運動は本来理性的であるとの見地から，理性は世界という他者を自己自身の表現として意識する，と規定する。これが「精神」だとヘーゲルはとらえた。それは，人倫と道徳の精神となって展開し，このような活動の結実として「宗教」，そして最高形態である「絶対知」として自己を現す。

　「理性」は個々によって担われ営まれる意識の働きであるが，「精神」は個々を超えた普遍的に働く客観的な意識の作用である。

　感覚的確信（思い込み）から「理性」に至る第1次構図（ヘーゲル著書のⅠ章からⅤ章へ）と，「理性」の高まりを転機に「精神」から「絶対知」へと至る

第2次構図（V章からⅧ章へ）が，『精神現象学』の構成の特徴である。この二重性は，古来，ヘーゲル研究者たちによっていろいろ解釈された。ナポレオン軍のプロイセンドイツへの侵攻という緊迫した事態で，彼は同書を執筆していて焼却か略奪を避けるために出版を急いだため，ヘーゲルの思索の揺れから来ているとの説もある。

大事な点は次のことである。「理性」が重要な媒介項となって，「意識の経験」がほかならぬその最高形態の「絶対知」を説明できる必然の過程であると彼がとらえたことである。このことは，いわゆる絶対的な「神性」は個々の人間の類的な共同・協働を経て，それらを基礎にして，はじめて成り立つ「作品」であることを物語っている。

ヘーゲル『精神現象学』の「理性」章は，当時の最新の自然科学の事例を使いながら，「観察する理性」がいかに有効であるかを論証している。「理性」章において，その観察は，「自然の観察」としては，無機物から有機体へ，さらには「人間の観察」（骨相など）へと展開していくのである。

「真理とは全体である」とは，彼の有名なテーゼだが，その主旨は，「観察する理性」の活動という根拠をもって，見知らぬ対象も，知り得るし，知ったつもりの対象が観察と経験からさらに深いところでより本質を知り得るなどの，理性の知によって把握される意味で，真理とは部分・部分ではなく全体的なものから成る，としたことにある。

ヘーゲルのいう理性の働きは，「事そのもの（Sache selbst）」をつかむことにある（加藤編，161 ～ 163 頁）。あらゆる存在に対してそれを意識する者の主観からではなく，その存在に内在する「事そのもの」をとらえるがゆえに理性は固有の役割と思考機能を発揮するのである。

理性の獲得にいどむ個人は，世界という他者の中に自己を見出す思惟の訓練を経て，精神を自己の目標とするようになる。それは，自然の中に，社会と文化の中に，世界の動きの中に，「事そのもの」を，また「事」のダイナミックな連環を，みいだす知の主体に成長することである。理性を働かせるとは，現実の内在的な運動を，その「事」に即して理解することであり，それだけ歴史の，そして社会の，変容・変革により近いところで己れを表現することに通じる。

そこに，諸個人それぞれの「自己発見」の物語が生まれる。そこに，一人ひとりの人生が跡付けられる。すなわち，おおきな世界史的な物語の中に自己を位置付けて，しかも自己の利得や欲望等自己への執着を棄てて（棄てるように

26

して），いつも世界という他者を相手に，いや対話の仲間にして，生きていくことができる。

　「理性的なものは現実的であり，そして現実的なものは理性的である」。これは，ヘーゲル『法の哲学』に出てくる有名な彼の提言である（高村，2005，52頁）。その原理的な素地が，『精神現象学』の「理性」論に展開されている。

　歴史的には，上記のテーゼを，ナチスや右派思想家はゆがめて適用し，現在の国家なり政策の正当性に充ててきた。そのため，ヘーゲル哲学はナチスに貢献しファシズムの支配原理に役立った，などというまやかしの言説がつくりだされた。しかし，それは，ヘーゲル哲学を理解しようとはしないところから来た。

　同様のことは，左派的な思想界でも起きた。異なる論陣や思想潮流を敵視して排除するとか，「粛清」と称して大量逮捕で僻地に隔離するとか，そういう政治の合理化として，マルクスの思想が悪用された。マルクス主義の名のもとに（スターリンや毛沢東などのもとで）。いずれも，ヘーゲルやマルクスの業績を自分にとっての他者として位置づけ自らは自由になってその他者という世界を正確に認識する，という理性的な哲学の理解をしていないためである。こうしたことのミニチュア版は，小さな形でわたしたちの日常生活にも起こり得る。

第3節　「意識・自己意識・理性」の発達過程が意味すること

1　意識の経験の分析・総合から生まれる生き方論

　これまで「感覚的確信」「知覚」「悟性」と対象（他者）との出会いを経験してきた意識は，その意識する主体自身を対象として，自己を振り返るないしは自己を自己として認めようとする「自己意識」としての経験を展開した。

　しかし，「自己意識」も不安定で，一方では，思惟のみを信じて脱生活の引きこもった状態で自分の「自由」のみを主張するかと思えば，他方では，絶対者の信仰に踏み込みながら，その対象は信仰心の感性的対象であるにもかかわらず彼岸の存在であり，決して目前にこの目で実在を確認することのない対象であるという，引き裂かれた状態を意識は経験した。

　このように，意識はこれまで，自分が出会う対象世界を否定しながら自己の存立を確かめてきたが，それでもなお自己の確信ある実現には至っていない。

　「自己意識」で，意識は他者の中に自己を承認するものを見出し，その他者に

よって自己が認められる，という関係性の経験によって，自己を否定する対象の中に，自己を肯定する契機があることを知るに至った。意識は，この経験を生かし，「引きこもり」や，信仰の道で迷う「不幸な意識」をひとたび否定し，対象世界そのものの中に自己をみて，自己を実現しようとする。これが理性である。

　　「意識は個々の意識が自体的に絶対的な実在であるという，自らのつかんだ思想において，自己自身に帰って行く」（「理性」章の出だしの一文。樫山訳，268頁）

　ヘーゲルの言う理性は，世界の実在のあらゆる事物・事象の中に，自己を見出す意識の働きである。つまり，〈世界は自己である〉というテーゼこそ，理性の働きの特徴である。

　ここには，ヘーゲルと同時代の，二人の哲学者のテーゼへの批判・否定が含まれる。フィヒテの「自我は自我である」に対しては，そうではない，自我とはこの世界そのものだと言い，哲学分野の盟友（後に訣別）シェリングの「主観と客観の無差別同一性」のテーゼには，あらゆる実在が理性であるから，理性の内側にすべてがありその外には何も無いし，理性的であることはすなわち実在のすべてである，という同一性が成り立つとヘーゲルは提起した。

　また，カントは，感性に対して理性の特質を区別して，感性が知覚的に対象をつかむのに対して，理性は思考・判断と推理の能力でもって対象を認識するとした。

　さらにカントは，この理性の働きを精密に検討して，理性は感性的な認識には関係しないで，悟性的な認識とのみつながりこれに統一を与える。狭義の理性は，限定的な，それだけ高い位置を得る。だから，実在するもののなかに理念的なものをみようとするように，理性を（感性的な知にも関わるし悟性の分析を十分踏まえないで）実在の世界にまで応用させることは，無いものを有るとみなす幻想に陥る元だとしてそこに制限を設けた。カントの「純粋理性」の考え方がここから出てくる。

　しかし，ヘーゲルによれば，カントのようにカテゴリー（範疇）で区別することは，ますます矛盾に陥る。

　なぜなら，こうである。実在（物）を対象としたときに，実在（物）によって自己が否定される経験をくぐりながら苦闘の末に自己を実現せんと歩んできた意識にとっては，常に実在との出会いで自己を否定され，自己の知がまだ真

なるものではないことを知って，さらに実在をよく見ることでその矛盾を超えてきたし，超えていく。この過程を経て意識は，実在に対して観察と経験でその対象の真なる知を得る。これが理性としての知である。

そうであれば，カントのように，カテゴリーで実在と知の関係を区別しなくても，あらゆる実在との出会いそのものが理性にとっては自己否定の契機であり，それゆえに現在の自己自身を超えて真の知に至る契機でもある。もちろん，真なる知を得たつもりがそこにはさらなる否定も起こり得る。この高度の自己否定もまた理性による働きである。

それなのに，カテゴリーの区別で理性の活動を固定化することには，もともと実在は運動するものであり，この実在の真なる知を得る（躍動的な）理性の働きに枠組みを持ち込んで制約をもうけるという自己矛盾がある。

2　ヘーゲルから学ぶこと

ヘーゲルは哲学概論などでは「観念論」者として知られている。だが，『精神現象学』を読むと，いかに実在の素材を根拠として，その概念上の整合性を緻密に行い〈世界は自己である〉という彼の理念を立証しようとしたかがうかがえる。その論証態度は，素材実証主義的ともいえるもので，文字通り，ドイツ語でいう，Material（物質）に根拠をおく Materialismus（明治期の哲学者の訳語が今日も使われていて，唯物論）にきわめて近い。

若いマルクスは，当時の変革的な哲学者・フォイエルバッハを評価しながらもその抽象性を批判し（「フォイエルバッハに関するテーゼ」），むしろヘーゲルの世界にこそ，実在を豊かにとらえるダイナミックな原理があると見た。ただし，それは意識の経験として「転倒」されている，とした。理性によって築かれる概念と実在（現実）との統一の徹底こそ，マルクスがヘーゲルに引き付けられた秘密であり，その変革の弁証法の基礎を，マルクスは「意識」ではなく，人間の対象的・感性的活動，すなわち労働にあるとしたのである。

こうして，マルクスは，ヘーゲルの原理と方法を徹底することで，「自分の唯物論的立場こそ完成したヘーゲル自身なのだという見解」に達したのであった（D. ヘンリッヒ，435 頁）。だから，マルクスは生涯を通じて，「ヘーゲルは自分の師である」としたのであった。

誤解を恐れずに言えば，いわゆるマルクス哲学は，変革的な要素を持つヘーゲルの世界観の原理と弁証法の一貫性を基にしたヘーゲル哲学の完成体ともい

える。この文脈でマルクスが「師である」と認めたヘーゲルの思索や論理を「観念論」だと否定して，マルクスの革命的な言葉を選び出してこれによって定形化したかのように装う思想を「マルクス主義」だということが，いかに元のマルクスの思考様式からは離れているか。だから，「私はマルクス主義ではない」と本人が言ったとも考えられる。

3 認識と対象の差異の問題にどう向き合うか

　ヘーゲルが探究した主要テーマは，認識と対象の関係であった。この点で参考になるルイ・アルチュセール『哲学においてマルクス主義者であること』を取り上げる。同書は，1990年に72歳で没した著者の遺作で，非哲学者向けに書かれた入門的草稿集（原著，1976年刊）である。著者は，マルクスの業績を取り上げながら，その真髄を説いているのであるが，ヘーゲル哲学との対比の場面が多くあり，ヘーゲル理解にとっても参考になる。

　アルチュセールは「哲学することは，歩き方を学ぶのと同じように難しい」という（アルチュセール，279頁）。どちらも一歩進んでは躓き，また立ち上がって前に歩みだす，そういう修練が必要なのである。ただ沈思黙考すれば哲学になるのではない。哲学の立場は，この世界を一個の卵とすればそこから外に出て，外から卵を眺めて「この卵の意味はこれこれだ」と説明する。そういう卵＝世界の外に身を引いていることが，哲学の本質を構成している。これまでの哲学に関しては，アルチュセールの指摘の通りであろう（同前，285頁以下）。筆者（折出）は，「卵」の世界の中にいて，なおかつその「外からの視点」を持てる哲学の在り方がこれからは必要だと考える。

　歴史上の哲学者たちは，自身が拒絶する哲学者（あるいはその学派やグループ）に対し，それとは異なる立場を表明する意味で，（卵から外に出て）自らの立場を定義してきた（同前，284頁）。プラトンもデカルトも，カントもヘーゲルも，である。そこには，これまでの哲学をお払い箱にしたいから，みずから哲学をつくる個性的な奮闘があった。そういう弁証法があったし，いまもある。

　その中で，「マルクスの哲学」が今また注目されつつあるが，「マルクスの哲学」と「マルクス主義哲学」とは別のものである。アルチュセールは，「マルクス主義哲学」はもともと要らないし，そもそもそういう哲学は成立しないのだ，という立場である。マルクスも（生活から遊離した体系主義の）哲学を終わらせようと努力し，若くしてフォイエルバッハやヘーゲルという，当時の堂々た

る哲学者の見解にいどみ，結局，哲学はどのような内容であれ，その言説としてはその時代あるいは社会の支配的イデオロギーと一致する，と見た。この呪縛からの解放，それがマルクスの傾けた仕事であった。そこに一貫している彼の哲学的思考の整序された論理の世界を哲学というならばそれがマルクスの哲学であって，「マルクス主義」と呼んで，一定の解答となる原理がそこに集約されているかのような信仰対象のようにそれを据えることは，間違っている。

　だから，「マルクス主義哲学」という用語は思索の道理からして大いなる矛盾なのである。旧ソ連の哲学者たちは，世界を支配するというスターリンの命令のもとに「マルクス主義哲学」の「体系」をまとめ，これを「教科書」として世界に広めようとした。マルクス自身が「私はマルクス主義者ではない」と言っていたのに，である。それは旧ソ連の覇権主義そのものであった。その支配幻想に使われた「マルクス主義哲学」からの解放が，いまやってきている。その意味では「危機」どころか，本来の哲学的思索への解放に向けての「必然の終焉」である。

　実は，ヘーゲルも，哲学にピリオドを打ってその終わりを告げるために，あれほどの渾身の努力をした。彼の名著『精神現象学』の最後の到達点は「絶対知」である。それは「神」のことだとしてヘーゲル哲学を神学系の教本の類にしてしまう人々もいるが，肝心のことを忘れている。なぜなら「絶対知」という精神の主客統一の最高の姿を説明するのは，「われわれ」であるからだ。その「われわれ」は哲学者も入るけど，それだけではない。一定の知的訓練をうけた自覚的民衆も「われわれ」を担うのである。そこには，哲学という時代のイデオロギーあるいは幻想からの，理性的に成長した民衆の真の解放がある。マルクスは，階級闘争の歴史の「事実」から出発して労働者階級という存在を分析し，その勝利の可能性と要件を論証した。その最大の論証力として働いたのは，弁証法である。

　「危機」をリアルにありのままに観て，その「危機」の内部から顕れて核となるものが次の発展の原動力になる。この変化を読みとることのできる哲学。それが今求められている。その哲学に誰の名を冠するかは関係ない。民衆が民衆のために必要とする哲学なのだから。歴史を歴史として成立させる「客観的精神」は，みずからがどのように現れるか，その真理・真実を現に生きる個々の主体が認識してくれるのを待っているのである。

　前述のたとえでいえば，「卵の外にいて卵を評する」という二元論から，「卵

の中にあってその卵の成り行きを読み解き，新たに生み出す」という一元論へ。ここに，完成された体系としての「哲学」から実践に生きて働く真の哲学を解放する，という重要テーマがある。ヘーゲルの哲学には，そのことへの直接の示唆が論理を踏んで述べられている。

　以下は，アルチュセールの論旨を吟味した筆者の説明であることをお断りしておく。

（1）マルクスにおいては，認識論は創造されなかった。彼にとってヘーゲル批判そのものが認識論的な仕事であった。彼もまた，認識と対象の差異の問題に挑み，その一致の論理をさぐった。

（2）結論から言えば，マルクスは，スピノザやヘーゲルのような3段階による認識の対象への接近と一体化の道を取らず，すべてが過程の一環であるとした。認識とは，主観が対象の真理に近づく客観的な過程である，というレーニンの言葉にもそれが現れている。

（3）ただし，マルクスの唯物論は，磨かれた視点をもって，認識と対象の関係に対する答えを出した。

　　その1：すべて，人は「認識する」という事実から出発する。科学的か非科学的かは関係なく，誰が何を認識しうるかという権利を立てることも不要であって，ともかく「認識する」という事実に足場を置く。

　　その2：理論に対する実践の優位というテーゼを第1とする。これは「その1」から必然的に導かれる。

（4）認識と，その対象とは，スピノザが「オオイヌ座と，現実の吠える犬とは別物」とたとえて提起したように，認識の対象（観念および観念の概念）と，現実の対象とは区別される。ヘーゲルも含めて過去の哲学者はこの区別の無化のために，自分の論理を展開した。

　　マルクスは，「師である」ヘーゲルから弁証法の論理は学び取り，否定の契機と質的飛躍を重視した。そのうえで，上記の区別を捨て去り，認識と対象との区別はプロセスの一契機とした。これが，マルクス特有の，認識と対象の一元論である。

（5）対象は認識の外にある。認識が対象の属性をどれだけ把握しているかは対象には関係ない。対象はそのままである。対象は，（自分のあらゆる要素が）認識されるのを待っている。対象は，自分の背後に自分の未来をすべ

て持っている（マルクスの言葉）。

マルクスは，この対象と認識の関係は二元論ではなく，一元論だと見る。すなわち，認識主体が限りなく対象に迫るその過程こそ事実であり，実践だからである。

ヘーゲルも，「逆立ちした」（マルクス）やり方ではあったが，認識と対象の一致はどのようにして可能か，しかも普遍的にそれが可能かを証明したのである。その証明の形式が弁証法である。ここにマルクスは啓発され，それを経済的カテゴリーの分野で，みずから「事実から出発して」論証して見せた（『資本論』）。

以上が，アルチュセールの論旨である。ヘーゲルもマルクスも，認識と対象の一致をめぐって深い思索を重ね，奮闘した。そこに流れるのは「知る」「わかる」そして「知を生きる」である。この主題は，今を生きるわたしたちにもそのまま当てはまる。ただし，「哲学」の装いにとらわれずに，「見えないものを見る・読む」知的努力をすることが何よりも大事である。

引用・参考文献

アルチュセール，ルイ（2018）『哲学においてマルクス主義者であること』市田良彦訳，航思社。

フルダ，H. F.（2013）『ヘーゲル生涯と著作』海老澤善一訳，梓出版社。

ヘーゲル『精神現象学（上）』樫山欽四郎訳，平凡社ライブラリ。

ヘンリッヒ，D.（1987）『ヘーゲル哲学のコンテクスト』中埜肇訳，理想社。

Inwood,M., A Hegel Dictionary, Blackwell 1992.

石崎嘉彦（2013）『政治哲学と対話の弁証法──ヘーゲルとレオ・シュトラウス』晃洋書房。

樫山欽四郎（1961）『ヘーゲル精神現象学の研究』創文社。

加藤尚武編（1996）『ヘーゲル「精神現象学」入門〔新版〕』有斐閣（後に，同じ内容で講談社学術文庫に収録された）。

溝口龍一郎（2018）『ヘーゲル「精神現象学」の世界』郵研社。

高村是懿（2005）『ヘーゲル「法の哲学」を読む』一粒の麦社。

高村是懿（2015）『ヘーゲル「精神現象学」を学ぶ』一粒の麦社。

高山守（2016）『放送大学叢書 ヘーゲルを読む 自由に生きるために』左右社。

第Ⅰ章　教育における関係的自立
──自己と他者の弁証法──

第1節　ヘーゲルにおける Selbständighkeit の意義

　人間の自立をどう考えればいいのだろうか。

　辞書的な意味では，自立を「他人の世話にならずに自分のことは自分でやる」「他人に迷惑をかけない」ことと理解する人が多いのではないか。全く間違いではないが，明らかな問題点は，自分の自立なのに「他人」のまなざし，他人の評価が基準となっていることである。これでは，「他人」という世間的な評価基準に合わせる自立，つまり（筆者の造語だが）合立である。それは，真の自立，つまり一人ひとりの自己実現とは言えない。では，本来の自立とは何か。そのことをヘーゲルの「他者」論と弁証法の方法的視点を参考にしながら，掘り下げてみたい。

　「序章」で書いたように，筆者は広島大学教育学部での卒業論文のテーマにヘーゲル哲学を取り上げた。邦訳が主ではあるが，『精神現象学』を主として，その他に『大論理学』『小論理学』『哲学史』『法哲学』『美学講義』を読み，またこれらの著作と関連する解説書並びに日本のヘーゲル研究者数名の専門書等も読んで，学習した。

　なかでも，『精神現象学』の中で彼が多用している Selbständighkeit に筆者は着目した。これは，今日においてもなお示唆に富む概念である。それは，「自己意識の自立性と非自立性」の章で豊かに展開された。Selbständighkeit は，ドイツ語の一般的な意味としては「selb・ständig；同じものとして，恒常的であること」（参照）『独和大辞典』），つまり同一の主体としての持続的な状態を意味する。ヘーゲルの自己意識論では，自己自身が様々な他者との関係をすべて含み込んで存在し，そのようなものとして自己を意識していることを指している。

　ところが，なぜかヘーゲル研究のあいだではこの Selbständighkeit はあまり注目されていない。『ヘーゲル用語事典』を見ても，まず「自立」「自立性」の項目がない。ただし，関連する叙述はある。たとえば，「自己意識」の項目の中で，「自己 Selbst」に言及し，自己意識の「自立と自由」についてこう述べている。

34

「自己意識の対象である自分自身は，すでに知っている対象である。した
がって，そこでは自己意識は自分の外にあるなにか知らない対象を求めるこ
とがなく，また，なにか知らない対象に出会って，つまずくということもない。
自己意識は自分という対象をもつことによって自立し，他の対象に翻弄され
ないことによって，自由になる。これが自己意識の自立と自由である」（岩佐
他，1991 年，27 頁）

この説明の中で，関連項目として「対自有　Fürsichsein」を参照せよ，とあ
るのでそちらを読むと，次のように述べられている。

「対自有」とは「他のものとの関係を捨象して，自分だけに向き合い，自分
だけを相手にしている状態である」（同前，92 頁）
「人間の成長過程に即して，『対自有』がどういうものかをイメージしてみ
よう。幼児は親などの他人の手によって，身の回りのすべてをやってもらっ
てはじめて生活できる。成長するにつれ，段々と他人にやってもらったこと
を自分でできるようになる。この段階で子供は親から自立し，むしろ自立を
妨げるものを否定することによって独立していく。もちろん成長した人間も
他人に依存はしているが，あくまで自分の自立の手段として，他人は利用さ
れる。そこで他人にたいする低次の依存性はきっぱり否定され，断ち切られる。
ここで人間ははじめて対自有になれたといえる」（同前，92 頁）

以上，『事典』における記述を見てきたが，説明で「自立」は語られているが，
ヘーゲルの使った概念としての Selbständigkeit，つまり自立性については正面
からはどこにも述べられていない。しかも，上記に引用した箇所からもわかる
ように，説明で語られる「自立」は，他者（引用文中の「他人」の用語・用法
には筆者は疑問を抱く。）との関係を「断ち切」って独立することを指している。
これは，ヘーゲルの言う関係性としての自立，他者との関係の組みかえとして
の自立が意識されているとは思えない。
すなわち，ヘーゲルの Selbständigkeit は，他者との関係の展開から生じる自
己の存在の実体の現れ，つまり自己の質的な実相であり，他者と関係すること
自体の積極的な意義を内包している。「断ち切」ったかに見えるが，実は，内な
る他者に大いに依存し，またその他者との葛藤を経ながら新たに自己を生み出

していく。このドラスティック（劇的）な過程では，精神は積極的に他者とかかわりおのれを表そうとしている主体化が見られ，それは同時に精神がなんであるかを世界に知らしめる意味では客観化でもある。この過程は，後で詳しく述べるように，子育てや教育における関係性が有している独自の世界なのである。

　哲学の専門外である筆者がこのように述べるのは浅学のそしりをまぬかれないかもしれないが，筆者としては『精神現象学』を読む限り，ヘーゲルのSelbständigkeit は核心の概念である。ところが，ヘーゲル研究の世界では必ずしもその自立概念が正面から取り上げられているとは思えない。特に，あのドラマティックな「主人と下僕」を論じた章のテーマが Selbständigkeit であることについて，もっと光を当てるべきではないだろうか。かくも素通りされているような印象を受けたので，ここに記して，本章の主題を考える糸口とした。

第2節　関係的自立と他者の意味

　では，Selbständigkeit　の概念に着目するのは，なぜか。それが，自己と他者との相互に規定しあう関係を含み，他者に規定され，存在としても精神的にも他者に依存しつつ，自己が自己らしく形成されていく（自分を創り出していく）ことを表しているからである。

　すなわち，自己意識の自立性 Selbständigkeit とは，関係的自立を指している。その意味は，樫山欽四郎によれば，「自己（自我）は関係の内容であると共に，関係すること（はたらき）自身なの」である（樫山，1986年，226頁）。

　しかも，その自己は，これまでの意識の働きのように自分とは異なる個別の他者という対象をもち，同時に，自己の対象として自己を意識するという二重の他者依存性に重大な特徴がある。この「自己の二重化」こそ，教育学研究においていまなおヘーゲルの『精神現象学』からわたしたちがくみ取るべき，近代以降の個人の自己形成と自立の中心テーマなのである。

　ヘーゲルはこう述べる。「これから意識は，自己意識として，二重の対象をもつことになる。その一つは，直接的な対象，つまり，感覚的確信と知覚の対象であるが，これは自己意識にとっては否定的なものという性格で表される。もう一つはつまり自己自身である。これこそ真の実在であるが，さしあたっては，やっとまだ第1の対象と対立して現れているだけである」（『精神現象学（上）』，

209頁）

　教育という営みに即して見てみよう。ここでは，議論の主題を幼児期から思春期にかけての子どもの発達を対象とする子育てと教育活動（教育実践）に限定する。

　まず，親にとっては，子どもは一人の主権者であり，他者である。顔立ちや気質的なものなど自分には似ている面もあるが，それでも子どもは，一人の人格主体としては，自己からは独立した自立的存在である。親は，子どもの乳幼児期から子どもに向き合いながら同時に自己自身に向き合っている。最初の「反抗期」といわれる三，四歳の頃の自己主張も，親にとっては，感情的にはいろいろ起伏も生じるが，そのようにして我が子が豊かに感覚的な形で自己表現している姿を通して（それを介して），子どもに頼られ信頼される存在としての自己（親自身）を知らされる（学ばされる）。我が子を通して親という役割を学習している。親は「親に成り行く」のだとはこのことを指している。

　ただし，ここには，親子特有の自己・他者関係がある。それは「二者関係」といわれる臨床的なテーマであるが，これについては後で節を改めて述べてみたい。

　つぎに，子どもが幼稚園・保育園や学校で生活するとき，保育者・幼稚園教諭や学校の教師と子どもとのあいだにも関係的自立のドラマが展開していく。

　その一つの共通項は，保育・教育の実践者は，みずからの他者性（子どもにとっての他者であること）をいろいろの場面で意識化し，これをみずから演出していくことなしには実践として成立しないということである。

　保育・教育の実践者の他者性を表すのが「教師に三役あり」の言い伝えである。これは作者不詳（一説には宮沢賢治の言葉と言われているらしいが筆者は確認できていない。）とされるが，教師の他者性を見事に言い表している。それは，「actor　役者」「doctor　医者」「fortune-teller　易者」の三役である。子どもの活動に寄り添ったり勇気づけたりする伴走者を演じ，子どもが傷ついたときにはそれを和らげ癒す世話をし，子どもが思い悩み立ちすくむときには，次の一歩を後押しする，といった場面に応じた他者としての役割をその代名詞で述べたものである。

　二つめに，幼児教育の課業にせよ，学校の教育課程の諸活動にせよ，子どもという他者によって規定されつつ，遊びと学びと文化創造の世界へ実践者がいざなっていくことで，その教育内容が具体化されるのである。言い換えれば，

第Ⅰ章　教育における関係的自立　　37

個別の知識体系や文化的経験を背景として順序立てられ構造化された保育あるいは教育の内容は，保育者・教師と子どもの，それぞれの関係的自立がどのようなものであるかという実在のあり方を介して，個々の子どもの人格形成に作用していくのである。

　三つめに，保育者・教師も子どもと同時代を生きながら，子どもにとっての「発達への踏み台」（折出の造語）となることができるように自己を子どもの前に表現し演出していくことが求められる。子どもはその役割（おとなの伴走）に支えられ，つまりはそれを次の発達へと進展する際の重要な「踏み台」としていくのである。子どもを取り巻く環境を見つめると，新自由主義がこれほどに社会生活の隅々にまで浸透しつつある現在，保育・教育の実践者は，その影響下にある自己自身を客観的に見つめながら，同じ時代の中にあって，おとなとは違って感覚的・情動的に「生きづらさ」を体現することさえある子どもたちの生き方を見ていくのである。自己自身を見ながら子どもを見る。子どもを見ながら自己自身を見つめ直す。すなわち，働きかけるものが働きかけられる。これが，保育や教育における子どもへの共感の真髄であり，この意味でも関係的自立の過程で生じる必然的な営みなのである。

第3節　子どもの精神世界と関係的自立

　いま子どもの発達の姿を概観したが，子どもの自立を支えていくとき，乳幼児期における二者関係の特性を知っておくことが必要である。これは，子どもの人格という内的なひとまとまりの世界，精神世界を形作るうえで重要な発達過程を成している。

　精神療法が専門である滝川一廣は，「二人関係」（二者関係と同義）をこう説明している。少し長いがその箇所を引用しておく。

　　「むろん乳幼児は母親以外の家族とも交わり複数の相手と交流している。しかし，それも含め『一対一関係』とか『二人関係』の世界と呼べるのは，この段階の子どもの関係意識においては，目の前の相手と自分との関係が関係のすべてだからである。その相手は自分とだけではなく別の相手とも関係し，交流しているという認識はまだ生まれていない。自分との直接的関係だけが関係の全てという意味で，たえず自分を中心とした関係世界に住まっており，

第三者という意味での〈他者〉には出会っていないのである。二人関係における相互関係は『〈自己〉対〈他者〉』という対峙的な構造にくっきりと画されてはおらず，相互にどこかで融合しあった部分をもつことになる。これが〈性愛〉をきずなとした交流世界，二人関係の世界の特徴である」（滝川，2004年，194〜195頁。同，2017年，142〜145頁）

　さて，二者関係の特性を整理しておこう。

　一つは，乳幼児においては母親との関係，この直接的関係が「関係のすべて」になっていること。二者関係とはこの直接的な対象関係である。しかも，これがこの発達段階の子どもにとっては性愛的なきずなともなっている。

　二つめに，まだ「自己と他者」という，相対する他者を意識はしていないこと。これは融合的な関係である。滝川によれば，この二者関係に〈他者〉が介在する関係は「三人関係」または三者関係と呼ばれる。「間接的な対象関係の存在」を子どもが意識する「段階」である（同前，195頁）。

　滝川は，「他者」を「第三者」の意味で使っているが，筆者の立場では，この二者関係における相手も，本来，他者であり，あらたに介在してくる存在もまた他者である。二者関係では，他者の存在の認知は感覚的で，自分との間は融合的であるのが，三者関係となると，融合的な他者の向こうに，あるいは側に，その他者とつながっている別の他者，間接的だが自分にとって意識化される明確な存在が現れてくる。

　母親（融合的な他者）との二者関係に父親の介在が意識されるとき，これが三者関係である。フロイトは，この精神世界をエディプス葛藤の時期とした。直接的対象関係が，さらに間接的対象関係へと広がり，深まるのである。

　では，二者関係とは，現代において初めて取り上げられる問題なのか。

　筆者はそうは見ない。スイスの教育者・ペスタロッチの教育思想は，家庭教育に特徴があり，「居間の教育学」とも呼ばれる。彼は，早くから，二者関係に当たる子どもと母親との関係性について着目し，この二者関係が子どもの知的陶冶にとっても特別の意味をもつことを細かく述べている。それが，家庭における基礎陶冶としての，数・形・語の教育である。この考え方は，ペスタロッチの後に，近代学校制度が発足して，多数の子どもたちを一斉に教育するようになったときも，陶冶の思想的な原型として受け継がれている。このような教育思想の流れからすると，二者関係といま呼んでいる発達上の事柄は，近代の

教育思想の源流の中にもすでに原初的にはあったと見てよい。

次に，子どもが自立していくのは，二者関係から三者関係に進むことなのか。

そのように単純な段階をふむことを意味するわけではない。三者関係に入ることで，二者関係，つまり母親の存在の意味が立ち現れ，いっそう意識化される。また，このことが三者関係の変容にもつながり，例えば葛藤もあるし，あるいはお互いが独立した個人として交わる世界，身近な生活圏での個性との出会いを経験したりもする。逆に，この間接的対象関係が，恐れや不安の的となる場合もある。暴力や脅しで常に二者関係を揺さぶり，壊しにかかるとき，子どもは三者関係を拒否して二者関係の中に逃げ込もうとする。

こうした二重性は，幼児期から児童期の前期を経て，以後も，繰り返し展開していく。滝川は，「（子どもの：引用者）こころはこの二つの世界を二重に生きるようになる」（滝川，2004 年，同前）と述べている。子どもから若者への成長過程で，二者関係と三者関係とを行きつ戻りつすることは，当たり前のプロセスなのである。

ところで，二者関係の世界とは具体的にどのような発達特性をもっているのか。これを滝川の説明に依拠しながら見ておきたい（同前，196 頁以下）。

a）自己中心性

利己的という意味ではなく，発想の原点がいつも自己にあること。

b）融合性

共生的であり一心同体という愛着の関係性。献身的である半面，支配的になる。甘えが生まれる半面，身勝手さにもなる。

c）非言語性・感覚性・イメージ性

表情やしぐさ，雰囲気，情緒でつながること。

d）非規範性

三者関係のような約束事や規範にとらわれずに，純粋に性愛的につながること。

間接的他者が介在し，これまでの融合的な他者も改めて意識化される三者関係の特性はなにだろうか。これについて滝川は詳しくは述べていない。氏の説明も参考にして筆者なりにまとめると，次の 3 点になると思われる。

ア）他者性

　二者関係とは異なって，相手を自分にとっての影響ある存在として意識化する。他者として認知する。また，その他者につながる約束，規範，目標などを意識化する。

イ）意味性

　他者とのつながりの意味を知るようになる。自分がどう評価されるか，受けいれられるか，認めてもらえるか，などの自己承認にかかわる意味が生じる。

ウ）活動対象性

　相手との間に共有する何らかの活動対象がある。家事のある部分の手伝い，一緒におこなう工作，屋外での活動など，広い意味での生活文化の材料と出会うことである。

　子どもたちの生活を学校教育の視点から見ると，子どもは学級や学年，あるいは異学年，さらには部活動などの関係をとおして，様々な三者関係を経験している。子どもが二者関係と三者関係の世界を二重に生きていくうえでも，学校は，特別の意味を持っている。

　と同時に，学級担任は，教科の指導だけではなく，子どもたちの，二者・三者関係の二重性をも視野に入れて，個人への支援，学級集団としての指導を行うことが求められる。近年の専門職性には，教科の知識，教科構成力と共に，この意味での子ども理解，子どもとの関係性の能力，コミュニケーション能力も加えられている。

　本節では，最小限度のことしか述べなかったが，今後も，教師の教育実践にとっては二者関係，三者関係が教職の専門的知識として欠かすことのできないものになってくる。

第4節　発達支援の意義と役割

　すでに見てきたように，子ども・青年の発達を見る場合に，依存と自立の弁証法における支援者＝「他者」の役割を重視しなくてはならない。鍵を握るのは「他者」の果たす役割である。

　親・教師・専門家は，自分の役割についてとかく「教える主体」「指導の主体」「援助主体」を主張しがちであるが，子どもにとってはその人々は「他者」であ

り，共感的にも権威的にもなりうる存在である。子どもの発達を支援するとは，子どもにとって共感的で共生的な「他者」としての役割を果たすことを意味する。「他者」の役割については，以下の3点が重要である。

①「わたし」の中に，自分で自分を支える力をもつ。その支えは他者によって仲立ちされ，自分の中に「内なる他者」として形成される。「内なる他者」に影響する実在の他者については，共感的・共生的他者か，支配的・権威的他者かが問われる。少年期から思春期にかけて，子どもは，この過程をもっともドラスティックに生きる。ルソーの言った『第二の誕生』（『エミール』）も，このテーマとつながっている。
②「わたし」が向き合う「他者」とは何者なのか，それを知るとともに，知り得たことを疑いながら，「わたし」が「わたし」であることの確かさを探し続け，「わたし」の確信できる世界を広げていく。
③「他者」は個人でもあり，集団でもあり，共同体でもある。人間のみならず，動物や自然環境でもありうる。

　思春期は，「自分くずしから自分つくりへ」の時期とも言われる（竹内，1979年）。子どもは，思春期において共感的，共生的，さらには共闘的な他者に支えられて，適応する「わたし」から自分の力で生きる「わたし」へ，自己変革を試みながら発達していく。これは自己・他者関係の再構成を意味する。不登校の子どもの多くも，この過程を歩もうとしているのではないだろうか。
　支援とは，文字通り，支え援けることである。教育界では，1989年に「新しい学力観」が導入され，子どもの学習過程を今まで以上に評価していく「観点別評価」が設けられたときに，これらと一体のものとして「学習支援」が重要だとされた。従来の「学習指導」を全面否定しているわけではないとの言い方も当時の文部省関係者によってされたが，教育現場のおおかたの受け止め方は，学習において「支援」に切り替えていかなくてはならないのだ，という意識であった。
　このとき「支援とは何か」について，各地で，もっとつっこんだ議論を展開しすべきであった。それがなされずに，「支援」＝子どもの活動を見守ること，という表層の理解が先行し，子どもが目の前の他者の要求を課題としながら，必要な活動を乗り越えて，知識や技能を獲得するという発達のダイナミズムが

生じにくくなってきた。

　例えば、「新しい学力観」が導入されて、三年くらい経過したときに、ある小学校の教師の語るエピソードによると、学力面で遅れが目立つ子どもたちを何人か放課後のこして補充の指導をしていると、同僚の教師から、「もう学習支援の時代になったのだから、そのような指導をする必要はないのだ。あなたがそういう指導をすれば、なぜ他の学級では行わないのかとなって、他の担任にとっても負担になってくる」という趣旨の反応があって、大変とまどったという。学力的な遅れが目立つ場合でも、それもその子の現状であり、その状況でその子どもなりの努力の過程や態度を評価していくことが個性の評価につながる。こういう見方が、教育現場に現れ以後の教育実践に影響を与えてきたことは事実である。

　しかし、このような支援観には、誤りがある。それは、「子ども一人ひとりを見守る」としながらも、前述のように、その「見守る」教師は子どもたちにどのような「他者」としてかかわろうと自覚しているのか、が抜けていることである。これを問うことなしに、ただ傍観する、あるいは放任するという問題性がそこにはある。

　何をどう支え、活動のどの部分を、あるいは子どもが創り出す関係性のどのあたりを援けるのか。この課題意識そのものが、実は教育実践における重要な指導性なのである。なぜなら、そのことは、教育実践主体が、子どもの前にどのような他者として登場するか、子どもが求める他者の役割にせまるようにどういう自分を表現するかと深く結びついていからである。

　少なくとも、支援とは、指導の後退や否定ではなく、指導の、個性に即した間接化、媒介的なものへの転換を意味しているのである。医療現場における支援を考えてみればすぐわかることである。患者の治癒力を確かに第一義的なものとして尊重するが、ただその治癒力の機能に任せて見守るだけでは決してない。患者の回復へのきざしを読み取りながら、患者の不安や葛藤にも共感的他者として看護師や医師が向き合いながら、回復への道のりをまるでゆるやかな伴走者のように、気長に、かつ回復の目標というか対象性は失わずに関係性を保っている。

　もちろん教育現場と医療現場とは同じではないが、子どもの発達の支援という場合、一人ひとりの子どもの発達か能力に対する共感的な他者の役割をつねに読み取りながら実践を進めるという点では、本質的なところは同じである。

引用・参考文献

岩佐茂，島崎隆，高田純編著（1991）『ヘーゲル用語事典』未来社。
樫山欽四郎（1986）『ヘーゲル精神現象学の研究』創文社。
滝川一廣（2004）『新しい思春期像と精神療法』金剛出版。
滝川一廣（2017）『子どものための精神医学』医学書院。
竹内常一（1979）『子どもの自分くずしと自分つくり』東京大学出版会。
ヘーゲル（1997）『精神現象学（上）』，樫山欽四郎訳，平凡社。

第Ⅱ章　人間的自立の支援とアザーリング
——対話的生き方の可能性——

は じ め に

　未曾有の大災害であった3.11東日本大震災と福島の原発事故。破壊の中から立ち上がり，自治体機能の立て直しを図り，経済を，生活を，そして教育を取り戻す被災地の人々。それを支え，あるいは見守る全国各地の人々。多数の人々による共同と支援の関係性が多様に生まれている。教育に視点を当てるとき，子どもや教師にとって，他者を慕う言葉，他者から贈られる言葉が大きなちからとなっていることがわかる。それは，単に今を生きる他者という意味だけではなく，今は亡き他者も含めてのことである。最近相次いで起きた九州，西日本の豪雨災害の被害者と支援の関係にも，同じことがうかがえる。

　「教えるとは希望を語ること　学ぶとは誠実を胸にきざむこと」という，あのルイ・アラゴンの詩の一節を改めて噛み締めたい。この詩は，ドイツとの国境にあるストラスブール大学がナチスによって破壊され尽くしたときの抵抗と新生をうたったものだが，地震と津波あるいは豪雨で破壊された中で奮闘されている方々の生き方と重ねると，「教えるとは希望を語ること」という言葉が，大きな意味を持って迫ってくる。

　愛するとは明日の希望を語ることであり，信じるとは相手の思いのこもった言葉を胸に刻むこと。こういう関係性が，新自由主義の分断作用が渦巻く今日にあっても，これに抗するかのごとくクローズアップされている。教育現場では，子どもと出会い，子どもたちに働きかけるという当たり前の実践が，いかに〈いのち〉を確かめ育みあう営みであるか。そのことがいま改めて問われている。

　学校教育の分野では，政権与党が進める教育政策の下で，「検証改善サイクル」と称するPDCA（plan-do-check-act）が幅を利かせ，子どもと教師には大きな負荷がかかっている。こうしたなかで一人ひとりの生き方が交差し，活動を創造する共同・連帯の場をつくるには，教師や保護者にはどのような役割が求められるのか。基礎集団である学級と共に，児童会・生徒会さらには学年会の諸活動をとおしてどのような子どもの自立の世界，相互信頼の関係を築き出すのか。

これらの課題の中から，人間的自立にとっていま必要な関係性とはどういう内容のものなのか。これらを読み取りながら，その支援のあり方を深めてみたい。

例えば近年の「荒れ」と呼ばれる現象に象徴されるように，子どもたちの生活の根底には，「自分で考えて生きろ」という市場の論理と，「勝手に生きようとするな。国家の一員であることを自覚して生きろ」という国家主義の論理との二重拘束（ダブルバインド）によって生じる自己存在の見え無さ，立ち位置のつかめなさがある。

その苦しみを分かち合おうとする生活上の意味のある他者（友人・教師や親たち）が現れることで子どもたちは変わっていき得る。要は，人間としての自立の支援には，他者との関わりを活かす対話的生き方の構築が大きなカギを握るということである。

第1節　アザーリング（他者化）・関係性からみる発達のとらえ直し

1　わたしたちの存在様式としてのアザーリング

2012年の年頭にNHKスペシャルの新番組「ヒューマン　なぜヒトは人間になれたのか」が放送され，筆者はその第1回を再放送で観た。人類の約20万年前の歴史をたどり，その大半がアフリカで営まれたことから，第1回では，アフリカにおいて人類の生態がうかがえる原点（考古学的な遺産）をつなぎながら，なぜ，チンパンジーとヒトは分かれたのか，協力し合う生物は他にもいるのに人間はどこが違うのかなどを焦点に映像化していた。

第1回の番組全体を通じていえることは，以下の3点である。一つには，古代の人類は，首飾りをつくり，これを自分のためではなく，仲間の証拠として近しい相手に渡してきた。二つめに，進化の過程でヒトが二足歩行になると骨盤が横に広がり縦は細めとなり，出産の際に産道が狭く，頭と肩をひねりながら出ていくために赤ちゃんの誕生はとても難産になった。このことで，出産から育児を互いに助け合わなくては子孫を残せない。ここから，協力，特に身近な他者を助けることが必然の習性となった。チンパンジーは，骨盤が縦長のままなので，母親が自分で楽に出産し世話をすることができる。そのこともあって，チンパンジーも協力はするが，それは相手が求めてきた時だけであるという。

番組で紹介された興味深い実験がある。2頭のチンパンジーを仕切りで囲い，

第Ⅱ章　人間的自立の支援とアザーリング　　47

一方の部屋の前には好物のジュース，もう一方の部屋の前には何も置かずに，部屋の中に杖の形の棒を置いた。仕切りには，小窓があって手を出せば，やりとりができる。こういう装置で実験が行われた。この実験の録画によると，一方が棒を要求するまで他方は反応しなかった。やっと相手が棒を要求したのでこれを渡し，相手はジュースを取り寄せて飲んだ。しばらく間をおいて同じことをしてみた。先ほどの様子を観ているはずの，棒のある部屋のチンパンジーは，相変わらず無反応。そこで，相手がまた棒を求めてくるとやっとそれを渡して，相手はジュースを得た。これに対して，人間は，こちらから相手に食べ物を分けて差し出すなどの他者の状態を思いやる行動が取れる。そのことを，現在のアフリカで人類の起源に近い集合的な暮らしをしている部族の観察をもとに，映像で提示していた。

　三つめに，ヒトには，まったく見も知らぬ同種のヒトと会った時，「笑う」ことで相手と通じ合うことを学習し，これが刷り込まれている。イラク戦争で，アメリカ兵がある街の宗教指導者に会いに現地に入った時，言葉が通じず，現地イラク人と緊迫した場面になった。この時，将校がすかさずアメリカ兵たちをすわらせて「スマイル」を指示して，相手の恐怖心を和らげ，そうしてお互い事なきを得た。番組の中でそのベテラン将校へのインタビューが紹介されたが，そこで彼は，これまでに89ヵ国を経験したが，まったく見知らぬどの土地でも，結局は「笑い」しか相手との和平的な交流手段はなかったという。

　この番組内容は，2012年1月に同名で出版された（NHKスペシャル取材班『ヒューマン　なぜヒトは人間になれたのか』角川書店）。同書の「はじめに」には以下のような内容紹介がある（「電子ブック版」URL = http://www.kadokawa.co.jp/sp/201112-07/)。

　　「人間らしさとは何か──本書では，人類の壮大な歴史のなかに，わたしたちの心の進化を追いかける。なぜ心なのか。心の進化とはどういうことか。ここでは次の一文を頭に入れていただきたい。──『人間とは，心を動機として行動する生き物である』」

　その「心の動機」の重要な条件に関わって，人間には元々他者を認めその他者と分かち合おうとするアザーリング能力が備わっているのではないか。これが同番組を通じて筆者が得た知見であった。《アザーリングは原始以来，人間が有している存在様式である》という仮説的定義の基に，さらに具体的なテーマ

のもとで検討していきたい。

2 アザーリングという関係性と他者

改めてアザーリングという「関係性」を見ておきたい。これは，「関係」のようにそれらの状態が数量化できる客観的な事がらを指すのではなく，むしろ数量化あるいは統計化され得ない，人びとの内面も含む関わりを指している。その関係性を読み開くキーワードは他者である。ヘーゲルによれば，他者（Das Andere）は自己自身の働きかける対象の全てであり，自己を確立するうえで固有の意味をもつ存在である。とりわけ他者としての身近な諸個人は，自己を人格的な主体として定立する上で欠かすことのできない〈他なる存在〉である。

筆者は教育学部の卒業研究以来，G. F. ヘーゲルの弁証法哲学における「他者」「他在」「否定」の問題とその関係性に関する論点について探ってきた。約15年前，その源流としてプラトンの「否定論」にたどり着いたとき，そこで「アザーリング」に出会った。「プラトンは，否定を，何も無いことの概念ではなく，ある何か別の存在であることの概念だと解釈した。かくして，否定は，『アザーリング』（othering）として解釈し直された」（Reese, W. L. 1996, p. 587.）。

この「アザーリング」は，ヘーゲルの「自己」と「他者」の関係論にも引き継がれていた重要なテーマである。すなわち，他者の措定は自己にとっては最初の否定性であり，自己自身が今とは何か違う自己に移行する変化（ドイツ語では「他なる」andere の語を含む veränderung）という第2の否定性を経て，ほかならぬ自己という肯定性を得るのである。

ここで重要なのは，弁証法的な「否定」である。他者との出会い・交わり，コミュニケーション等によって自己は「否定」にあうが，その「否定」は自己が自己では無い，という打消しの否定性（無に帰すこと）ではない。今とは別な，ある状態の自己への変化なのである（新たな産出可能性）。その自己は，そういう主体の再認識にいたる経験を生かして，誰かの他者となって，新たな出会いと関係性を築いていく。そこに共通の目的での社会参加を創り出すならば，アザーリングは様々な活動を展開する原動力となる。

「アザーリング」とは，動的で，内側に否定性を含んだ「他者成る行為」あるいは「他者化」のことである。その詳細は，拙稿「人権主体の自立とアザーリング」（『日本ヒューマンヘルスケア学会誌』〔Japan Journal of Human Health Care〕第3巻第2号，2018年所載）で述べた。また，T．ベネットたちの『新キーワー

ド辞典　文化と社会を読みとくための語彙集』では，「other（他者）」の項目で「othering」を取り上げ，訳者はこれを「他者化」としている。「他者」概念と共に，「他者化」が海外の研究者によって国際的なキーワードの語彙集に取り上げられたことは，とても意義深い。ただし，同辞典は「他者」を「異質な存在」の意味で捉えているが，ヘーゲルの哲学に即するならば，それは，相互に承認しあえる状態を築いていく他なる存在を指している。

　改めてアザーリングとは何か，といえば，それは「自己意識が自分とは別の独立した存在である他者と向き合うことで今までの自己ではなくなり，すなわちそこに生じる否定の契機を介して自己自身を知り，自己意識として存在しつつも新たに他なる状態に移行することである」（折出，2001 年，68 頁以下）。換言すれば，アザーリングとは，相手を他者として認め，そのような承認的他者としての自己を発見し，より高い質で自己自身へ回帰する人格の関係的自立の営みである。この過程自体が関係性の構築そのものにほかならない。

　教育実践においては，〈子どもの対他者関係〉〈教師の自立〉〈教え・学ぶ関係の創造〉という3つの次元は，統一的に捉えられるべき事柄なのである。また，見落としてならないのは，子ども集団である。ここでは，子ども同士の間でアザーリングが多様に生起し，集団そのものは本来，他者との対話と共同・自治が創り出す公共の世界なのである。

　少年期には，成長期ゆえに人格発達の未熟な要素が多面的に見られることもあって，他者と出会うこと，自分も仲間の他者になること自体がとても不安定である。そのため，自分が関わる他者の影響を受けやすい。権威をかざして押さえつける支配的他者に従うことを学習すると，その子ども自身が，他者との共生の世界を描けず，ただ操る相手として他者を認識して接するようになる。逆に，自分をひとりの人格的主体として認めて接してくれる他者によって，頼れる「内なる他者」を形成し，これを支えにもろもろの壁にも立ち向かうことさえ見られる。前者は，排他のゆがみ・苦しみ，後者は，他者と共にある充実である。

　相手に対する見かけの優位さを利用して，相手を操るように攻撃し，貶める。その行為による快感を味わうことさえ生じる。このように相手を操作し支配するだけの閉鎖性をもった対他者関係は，相手に何か別の実質を持つ主体へと変化することを求めているのではなく，ただ自分の欲求不満やストレス，あるいは自分の力の誇示や快感のために関係している。このような「内閉的なアザー

リング」，これが，一般に「いじめ」と呼ばれる対他者攻撃行為の本質である。この主題についてはⅤ章で詳しく述べる。

　この「アザーリング」は，個人の誕生から死に至るまでの生涯にわたって営まれる社会的で精神的な関係行為である。例えば，末期がん患者は，その生命を全うするように伴走する看護師らの治療等で否定性に会うが，その看護師に支えられ，人生を振り返り死と向き合う自己を肯定するに至る。看護師は，患者との対話によって，その仕事の意味を再発見させられ，自己を改めて肯定するに至る。

　このような関係性概念を弁証法の見地も取り入れて臨床的に考察したのが，20世紀終わりの大著と評された精神医学者のハーマン『心的外傷と回復』（中井久夫訳）（J. L. Herman: *TRAUMA and RECOVERY*, 1992）である。

　ハーマンは，同書で現代の暴力（虐待，性暴力，政治囚への監禁などを含む。）による抑圧と心的外傷の構図を実証的に明らかにし，そこからの回復過程における支援・援助の本質を考察した。その意味で同書は，広義の臨床教育学的な書である。ハーマンは，他者との関係の離断（あるいは切断）こそが心的外傷の現象の本質であること，よって回復の重要な課題は，その他者との関係を，当人が自分の足で歩み出す営みを通じて取り戻し，他者との再結合（reconnection）から新たな共生関係（commonality）を築きだしていくことにあることを同書で明らかにした。関係性は，他者（広義の支援者）との関係を通じた個人の自立の弁証法的過程の総体を指すことを彼女は明確に述べたのである。

　現に，対人関係の不安定さからくる不安や葛藤が不登校やいじめの背景にはある。子どもの自立過程に即するならば，そこにある「他者の重圧」「過剰なつながり意識」を組みかえ，当事者の思いに即した（client-oriented な）視点から関係性自体を内側から変えていく活動や文化をどうつくりだすか。その究明が問題解決の鍵を握る。教育学研究が，教育実践との結合を図り臨床の視点から示唆を受けなければならない理由は，ここにある。

　子どもの生き方をめぐる問題にとりくむには，子どもたちの仲間関係，他者認識，社会的意識がいまどのような実態であるかを，外観からだけつかむのではなく，その内面にも入り込むようなアプローチが求められる。実態としての「関係」は統計化されるが，一人ひとりの子どもの生き方は，日々ゆれうごくほどに可変的で，親しい関係の中に真実を潜めており，そこに彼や彼女が欲する

ケアあるいはサポートの何であるかが現れている。こうした内実は統計化され得ない。子ども問題の研究では，このことへの配慮と視点を常に意識しておくべきである。

3　ケアと他者

　ハーマンの論述には，筆者が注目したいキー概念がいくつかある。「脱学習unlearning」「再結合 reconnection」「エンパワメント empowerment」がそれである。これらは自立していくうえで3点セットともいえる緊密な関連を有しているが，これらを横断するキーワードが〈他者〉である。暴力の被害に苦しむ人，差別を受けて排除される者，「いじめ」にあう者だけではなく，すべての人々にとって〈他者と再結合する〉ことは共通のテーマとなっている。「3.11後」の社会において「社会のきずな」「つながり」が語られてきたのもそのことを反映している。実に多様なグループ，集団，ネットワークの形態と関係性でそれらは模索されてきたが，重要なのは「きずな」「つながり」を実現する他者として，自覚ある諸個人が諸活動に参加しニーズのある人に寄り添い，身近なところでの支援を続けていることである。

　その他者の働きが，ケアである．ケア論の源流とされるアメリカの哲学者，ミルトン・メイヤロフ（Milton Mayeroff）が述べたように，ケアとは「その子自身が本来持っている権利において存在するものと認め，成長しようと努力している存在として尊重」し，その成長こそ関心の中心になることである。教育の分野では，竹内常一が生活指導の「ケア的転回」が重要なキーワードとなることを述べている（竹内，2016年）。竹内によれば，ケアとは他者の成長の中にこちらの関心を働かせ，その他者に働きかけていく生活主体どうしの関係性を確立する行為である。例えば，「荒れる」子，「暴力的な」子に対して今の自分を変えたいと思う内面が渦巻いている状態を認め，その子にとっての他者からの承認という自立への原点を取り戻す働きを教師がするとき，教師はその子ども（たち）をケアしているのである。

　そのとき，子どもと関わるその教師自身は専門職者としてどのように生きていくかということを常に問い直していくことが大事である。このようにケアそのものが社会において普遍的な価値となっていることを踏まえ，ケアを拠り所にわたしたちは自分をよみがえらせ，他者（子どもを含む支援・援助・指導の対象者）との出会い・つながりを意味づけ直していく。そうすることで，身近

にいる他者そのものの存在を対等なものとして受け止め直すことができる。例えば学校現場では，子どもも教師も「チーム学校」や「学力評価」「PDCAサイクルによる経営」等の追い立てる施策によって管理されていく面がある。この現実にあっても，教師同士や教師と保護者の開かれた対話を通して，認め合える関係を自らつくりだしていく。このような他者との対話や連帯の可能性が足下にあることを見失うことなく，生きていく。その礎となっているのが弁証法である。

4　対話的生き方への視点

　生活指導は，個々の子どもを個性的な他者としてとらえ，どの子どもにもアザーリング（他者化）という発達の内実を充足させることで，将来の市民としての関係認識と行動能力を育てる営みである。筆者はこの定義に基づいて，以下の4点から他者の意義をさらに明らかにするうえでの論点を述べたい。

　一つには，発達という事実が生まれ展開する弁証法を，教育・福祉・医療・看護・保健の各分野から丁寧に解き明かすことである。この点で参考になる先行研究は，前掲のハーマンの労作である。同書では，発達自体を論じてはいないが，心的外傷とその回復過程の臨床的な考察を通して主体が自立することの支援とは何かが詳述されており，その主題は，被害者・犠牲者の人格の発達をどう支援するかにある。

　二つめに，発達援助学という新たな概念には，ある落とし穴がある。発達援助学はまだ生まれたばかりで，これから大いに発展していく未来形の臨床的学問であると筆者は見ているが，「初めに援助ありき」とならないかを懸念している。すなわち，援助するもの・援助されるものの相互関係を当然のこととして構え，援助される者から「聴き取る」実践者・専門家は，その対象者の自分史や苦悩・葛藤からは離れた地平で，予め意図する「問い」の範囲内で相手を「わかる」ことにならないであろうか。

　援助主体の生活者としての諸課題によっても，援助される側の「声」をどう受け止め意味づけるかは微妙に違ってくる。相互の響き合いというか，援助し・援助される双方のチューニング（波長が合うこと，転じてニーズがかみ合うこと）がどのように展開していくかにたがいの自立の鍵があることを見落とさないようにしたい。筆者がこの観点を持ち出すのは，「教育者自身が教育されなくてはならない」（フォイエルバッハ・テーゼ）の命題を何度も反芻してきたからであ

り，「働きかけるものが働きかけられる」（城丸章夫）という問題提起にも学んできたからである。これらの延長に立てば，「発達を支援する者が，（実践主体として）支援される」と言える。

　三つめに，指導や援助の対象となる子ども・青年・成人・高齢者は，それぞれが発達の要求をひめており，教師・相談者・施設職員・看護師からすれば「働きかける他者」であると共に，それぞれがこちらに対して働きかけてくるから，実践主体自身が，彼・彼女らにとっては「働きかける他者」である。拒否も，相手へのきわめて消極的な働きかけである。そのことから，実践主体は，実践の対象者にどのような他者として登場するのか，という他者認識をそなえた専門職者像がどうしても必要である。これが，専門職者の「他者性」というテーマである。

　四つめに，支配や抑圧を受けた者は，負のアザーリングによって攻撃的他者像を内面化し，その被害体験ゆえに心の深い傷を負い，いま出会う別の他者との関係であっても，その被害体験の否定的他者イメージが再来することさえある。いじめ・暴力・虐待を受けた人にみる，他者とつくる関係行為での固有の障害 disabilities または嗜癖 addiction については，前述のハーマンの労作でも詳しく考察された。

第2節　発達の支援と権利論を内側に織り込んだ参加民主主義の集団像

　我が国政府としては 1994 年に批准した「子どもの権利条約」には消極的で，市民社会にそれが根付くことを避けてきた節がある。そのことと，2006 年の新教育基本法の国会での強行成立とはつながっている。特に日本国憲法の改憲を推進する政治勢力にとっては，子どもの権利思想こそもっとも障壁となる事項の一つであり，子どもの権利ではなく国家への忠誠をしっかりと教育できる学校教育の実現こそが彼らの宿願なのである。

　その意味で，参加民主主義論は根底では平和論，反暴力論とつながっている。

　なぜ，いま参加民主主義なのか。この課題について，筆者は，『変革期の教育と弁証法』において「現代の参加民主主義」の系譜を分析したうえで，その今日的な意義を述べた。以下にその要旨を再論する。

　まず，民主主義の原点は「民衆統治」（the people rule）である。この原点は，

ギリシア・アテネの都市国家以来，21世紀の現在まで引き継がれ，未来においても，国境を越えて人々の連帯によって守り抜くべき人類の重要遺産である。

イギリスの政治学者，デイビッド・ヘルドによると，民主主義は「多数決による多数者統治こそ個人の保護に最適の原理であるとする現在の『法治民主主義』（ニュー・ライト）」の系譜と，「有能な政治エリートによる統治を是とする『競争的エリート主義の民主主義』」の系譜に分かれ，後者が含むエリート的立場は「マイノリティと政治的自由による統治」をかかげる「多元主義」へと発展した。一方，ヘルドによると，マルクス主義的な民主主義論は，「国家論，一元的社会論，単一原理の正統化批判という三潮流の対立をくぐって，『参加民主主義』」に連結していった（折出，2001年，33～35頁）。これと「多元主義」との連結が今日のニュー・レフトを成している。

以上のことを総括すると，民主主義の歴史は「民衆による自由獲得と政治参加のたたかいの歩み」である。その現代的な最大の課題は，統治における「意思決定過程の質を直接に担う行為，つまり『参加』（participation）をいかに確立していくか」にある（折出，36頁）。ここから引き出される教育の課題は，すべての人が「自己決定能力のある主体者」として育つように配慮することである。そのためには国家権力の改革と市民社会における関係性の再構築という「ダブルの民主化」にとりくむ必要がある。その核心は，複数性と多様性を認めるものごとの捉え方であり，双方向のみならず異方向の対話・討論・討議が成り立つ共同と協働の関係を築くこと，そしてそのような集団やコミュニティを，様々な場面や組織において実践的に追究することである。

参加民主主義の集団像に立つと，たとえば，学級での生活指導・集団づくりの指導の視点が，次の様になる。従来は，「このクラスに班をつくります。それはみんなの力でこのクラスをよくしていきたいからです」といった観点で教師が「班づくり」を宣言し，制度化して，学級集団づくりを開始してきた。その背後には，教師の描く集団発展像があり，その導入段階としての「班づくり」の呼びかけがセオリーとされた。

参加民主主義に立つと，子どもの権利の尊重と相互の承認，つまり子どもをひとりの若き市民として尊重し，その権利の相互承認こそがこの学級での一貫した共有すべき価値だという確認から始める。個の尊厳をまず生活と学習の共同化の基底に置くのである。それが，子どもたちにとっては，学級担任への信頼感となって現れ，それを共感的で共生的な関係性とするから，以後の班のルー

ルや討議の仕方が子どもたちに受け入れられていく。

　言い換えれば，クラスの子どもの権利宣言（それは教室における平和の相互確認である。）を土台にして，子ども集団づくりがスタートしていくのである。「初めに班ありき」ではなく，「初めに子どもの権利の相互承認ありき」だと筆者は考えている。このような集団づくりへの指導スタンスのことは，たとえば鈴木和夫（東京都で公立小学校の教諭として務めた。故人）によるクラスでの市民的権利宣言という生活指導実践に現れている。また鈴木氏にそうしたスタンスがあったから，「T という子と子ども集団づくり」の実践報告の様な，柔軟で豊かな指導構想とその実践が可能であった（鈴木，2005 年）。

　クラスにおける関係性を，相互の承認と信頼，差別と暴力を超える次元での，個と個とのつながり，そして共同的な学び，文化の創造という本来の民主的集団の世界へと導いていく。この実践の方向性は，いまある我が国の学校の現状，管理的・団体主義的で，権威的・内面統制的な「和」とナショナリズムの融合した精神風土の秩序を，内側から変えていくものである。また，教師自身が，子どもの権利主体としての発達を導き援助し，その自立に伴走することを通して，民主的な権利思想を持つ市民とは何かの問いをいつも持った専門職者として生きることを意味する。つまり，教師が，社会的・市民的な任務をはたしていくことなのである。

　だから，筆者は，参加民主主義に立つ集団像のキーワードは「変革的集団づくり」だと考えている。これに対しては，読者から「集団づくりは元々変革的ではないか，それをなぜそのように表すのか」との質問があるかもしれない。「変革的」という場合，誰が，どういうちからを獲得して，誰のための生活空間をつくろうとしているのかが重要である。暴力をおこさず，暴力にうったえず，暴力には仲間とともに抗議する。そういう子どもたちが育ってこそ「変革的」といえるのではないか。教師の側に子どもを権利主体としてみる子ども観・権利思想が弱かったり，逆に教師の主導性ばかりが強調されたりするなら，教師の営む「集団づくり」は，教師主導による集団の組織化，教師の構想のための集団化となるおそれがある。子どもたちが，子どもの自身の行動とちからで，子ども自身のためにつくりだす，個と個のつながる自主的公共空間の創造が子ども集団づくりの一貫したテーマである。

　参加民主主義の集団づくりは，すでに全生研（全国生活指導研究協議会）の実践でも追求され蓄積されてきた。その子ども観，集団観，指導観，そして市

民的自立観を，より徹底させ，なおかつ（現代民主主義の思想に立ちつつ）創造的に展開していくことが，回り道のようであって実は近道なのである。

いま新教育基本法を盾にとって新たに新自由主義的な価値規範と態度を子ども社会に持ち込み，新自由主義の同感者・共鳴者に子どもたちを育てること，そのためにはそのエージェントに教員集団を改造していくこと，これらが政策的にうち出されている。例えば，東京都の石原元知事による「教育改革」，そのバージョンアップといえる橋下元大阪市長による「教育改革」モデルの動きがそうであった。こうしたときに，学校および各教室を中央集権的な政治機構に類似した，力への従属的なものとしてではなく，お互いが生活的他者として出あい学びあう関係性を基軸に据えた開放的な社会（真の市民社会）に変革していくという実践構想を追究していかなくてはならない。生活指導の思想は，その変革の要となるものである。その課題を第Ⅳ章以降で，さらに各論的に考察していく。

第3節　子どもの発達支援をめぐる問題

1　「聴く」ことの関係性からみる子どもの発達支援

ますます徹底される競争秩序のもとで，子どもたちはその発達のチャンスを奪われ，自分の中に自己否定をどんどん積み上げていかざるをえない。最近は「自己肯定感情を育てる」という子育て・教育の秘訣のようなことが語られている。しかし，一方では，学校においても，地域においても，子どもや保護者の中に自己否定を累積させていくような場面が実際にあり，これを直視することを避けてはならない。発達の支援を考える時，何よりも一人ひとりの子どもは〈発達支援〉の一方の当事者である。実際にも，わたしたちは「3.11後」の重要な課題として，回復・再建をスピード，たくましさ，耐える力などから見るのではなく，当事者の目線で共歩（共に歩む）・共育（共に育つ）の関係性から見ていくことが必要であることを学んできた。

哲学者・鷲田清一が力説した「聴く」ことの力（鷲田，1999年）に，筆者も賛同する。そのうえで，筆者は「何を聴くのか」ということが大事だと考える。それからもう一つは，聴く大人自身が「自分が聴き取られる」という立場を自覚することである。その体験をあまり持たないまま子どもの声を聴くことはで

きないのではないか。例えば教員社会の中にあって，子ども達のトラブルに向き合おうとして，若い教師もベテランもそれぞれ苦労をしているが，ある教師は上手く聴き取りができて，ある教師は何かポイントがずれてしまう。それは，その教師自身の「聴き取られ体験」がどうであるか，つまり悩みやあるいは戸惑いやそういったものがゆっくりと解きほぐされていったという体験があるのかどうか。ここが大事な分岐点になるように思う。「聴かなければならない」との構えでわたしたちが向き合っても子どもは語り出しはしない。これは家庭での親と子どもの間でもそうである。だから「何を聴くのか」ということは聴く側にも問いをなげかけている。自分自身が聴き取られて本当に肩の力が抜けた時の「聴き取られた」中身，その雰囲気は何だったのか，ということを反芻し，子どもの語ろうとして語れない，その心のひだの部分をじっくりと聴いていくということが必要である。

2　居場所である家庭について

　教員社会では，父子家庭，母子家庭の子どもについて通知表等の所見に「『欠損家庭』で落ち着きがなくて……」という様に安易に「欠損家庭」ということを書くことが以前には見られた。これは，アメリカの社会学の「broken home」が日本でも「崩壊家庭」とか「欠損家庭」と訳されて1960年代以降使われてきたことに由来する。実はここに，ある階層の子どもの生活現実がはじめから「問題あり」と見られたり，場合によっては学校秩序にとって排除されかねない対象とされたりする問題が派生している。教師のいだく家庭像が問われるのである。父母揃っていて「健全な」家庭であって，ひとり親家庭の場合は「欠損家庭」である。こういう見方が，事実，あった。両親の離婚問題がまだ世間で表立っては扱われていなかった頃のことであった。

　今では，離婚自体も既婚者どうしのたがいの選択と意思決定によるものであること，いずれが親権者となって子どもの養育責任を果たすかを法的にも明示して，子どもの最善の利益を守るように行動することは，ほぼ社会的な常識になりつつある。子どもの人権保護の感覚が社会的にも成熟してきている。しかし，それでもなお，クラスで荒れたり問題行動起こしたりする子は，両親のいない家庭で育つ子が多い，という見方をする教師や住民もいる。こういう観念を乗り越えていくことも，生活指導の実践的な課題の一つである。

　いかなる生活が営まれていても，子どもはその家族の営みの当事者であるこ

とを教師は見なくてはならない。家族と家庭は別である。家族はその成員のネットワーク関係であり，家庭は共同の生活拠点である。両親かひとり親かは，まったく相対的なことである。家族はあっても家庭が不安定な実態は多様にある。その子にとって居場所としての家庭があることは，子どもが日々，愛情のある他者と出会い，日常の世話で見守られ，みずからも親という他者に向き合う学習をすることを意味する。この事実を教師はもっと受け止めて，例えば家事を手伝う（食器洗い，風呂の世話，洗濯物の整理など）体験を持つ子どもには，そのエピソードをとおしてその子の生活の中での他者性ある振舞いに共感する感性が，実践の大事な要素なのである。

　他方，教員社会の一部には，教育実践に関わる家庭の課題を持ち出すと「国の家庭教育戦略，道徳主義の家庭観にからめとられる」ことを警戒してネガティブにしかこの問題に反応しない人たちもいる。これも，自己の「家庭」観によって現実に向き合うことを取捨選択している一例である。戦前の家父長的な家庭への限りない回帰をとなえる立場も，家庭の問題と言えば国家の「家庭支援」に巻き込まれるから一切タッチしないという立場も，みずからの「家庭」イデオロギーに囚われた偏狭な姿である。

　しかし，すべての子どもにとって家庭は自分が生まれ育った場所であり，衣食住による安定した生活を築く基盤でもある。その家庭を外から権力的に支配する施策にはしっかりとした批判的視点を持つべきだが，現実には，その家庭の内部において子どもたちが命の危険にさらされている例もある。自分を養育してくれるはずの親によって虐待を受け，その子にとっては家庭自体が壊れていることも直視すべきである。

　家庭の持つ居場所としての空間，他者への信頼，他者からの信頼の基本を学ぶ場。こういう家庭の発達的役割をどう教育の中で回復し，少しでも安定したものにしていくかは，学校教育にも社会教育にも求められる重要な課題となっている。この問題は最後の第Ⅶ章で再論したい。

引用・参考文献

ハーマン，J. L，（1996）『心的外傷と回復』中井久夫訳，みすず書房。
折出健二（2001）『変革期の教育と弁証法』創風社。
折出健二（2011）「地域生活指導の立場から子ども・コミュニティのあり方を探る」『福

祉社会研究』第 12 号（京都府立大学福祉社会研究会編）。

折出健二（2012）「共歩・共育の関係性と生活指導」『生活教育』5 月号，52 〜 59 頁。

Reese, W. L.（ed.）: *Dictionary of Philosophy and Religion*, Humanities Press 1996.

鈴木和夫（2005）『子どもとつくる対話の教育——生活指導と授業』山吹書店。

鷲田清一（1999）『「聴く」ことの力——臨床哲学試論』TBS ブリタニカ。

T. ベネット他（2011）『新キーワード辞典　文化と社会を読みとくための語彙集』河野他共訳，ミネルヴァ書房。

第Ⅲ章　子どもたちの人格形成と教育の基本

は　じ　め　に

　1947年に教育基本法（以下，47年法と略記）が成立してから，本稿の時点で七〇年余が経った。1人の人間の成長に喩えれば円熟した高齢期である。一般に人生もそうであるが，この間の我が国の歴史は順調ではなかった。教育基本法は，幾度もその精神を骨抜きにしようとする保守政権の策動に揺さぶられ続けてきた。すなわち，1950年代初頭に早くも教育基本法の学校教育理念を揺るがす「教育の複線化」の動き，60年代半ばの教育基本法「改正」論議や「期待される人間像」問題，70年代に登場した，幼児教育から大学教育までの能力主義体系と差別化の政策，そして80年代には中曽根首相直属の臨教審による「戦後教育の総決算」論である。

　そして，1990年代に入ると，公教育への市場原理の導入によってさらに厳しい事態に直面した。その市場原理とは，差別化・私事化・効率化・規制緩和によって教育の公共性や子ども・教職員・保護者・市民の相互の共同・協力の解体化をもくろむものである。それがいまや，市場原理優先の「選択と集中」，これに関わる諸個人の「自己責任」「自己選択」，そしてそれに伴う「家庭の教育責任」が非常に強調されてきている。

　ある意味では，学校現場をはじめとして地域社会の中から教育基本法崩しが進んできたということもリアルに見ておくべき問題である。最近では，学校現場では教育基本法の精神を語り合うどころか，数値目標とその達成を優先する検証改善のシステムや教員評価で教職員が分断され孤立化し，多忙化の中で奮闘している。国の最高法規である憲法に準じる教育の根本法として定めた47年法であったが，2006年の改定で事態は大きく変わった。その改変の中身が，いま，様々な教育改革の施策に如実に現れている。この章では，現在の実態をより本質的にとらえ直すために，そして当面の課題をつかみ，近い将来どのような教育理念のもとに教育基本法のより正しい形を確立するか含めて，この間の「改正」が何を意味したかを分析していく。

第1節　教育基本法「改正」の問題点

　2000 年代に入って国会に与党（自由民主党，公明党）の「教育基本法改正協議会」が設けられ，更には与党と野党（民主党）による「教育基本法改正促進委員会」が結成された。一方では，「日本の教育改革」有識者懇談会（会長　西澤潤一）が結成された。2004 年 2 月に両者が連携をはかることが合意され，同年 6 月 11 日に 2 つの組織の合同会議が開かれ，そこで「『教育基本法改正』大綱（案）」（以下「大綱」と略記）がまとめられた。そのすぐ後の 6 月 16 日付で，先程の「与党の教育基本法改正に関する協議会」が「中間報告」を出した。この「報告」は，「改正案」としては前文骨子と 13 項目にわたる条文「改正」骨子，そして補則骨子からなるもので，教育基本法「改正」の源流はここにある。したがって，その大綱では何が・どう問題となったのかを中心に論点を押さえておきたい。

　なお，この問題の検討に当たっては公表されている下記の資料を素材とした。

　「与党教育基本法改正に関する協議会　教育基本法に盛り込むべき項目と内容について（中間報告）」（2004 年）

　http://www.mext.go.jp/b_menu/kihon/data/04061801.pdf

　「与党教育基本法改正に関する協議会 教育基本法に盛り込むべき項目と内容について（最終報告）」（2006 年）

　http://www.mext.go.jp/b_menu/kihon/data/06053001.pdf

1　教育を受ける権利と教育の機会均等

　47 年法では，第 1 条は「人格の完成をめざし，平和的な国家及び社会の形成者」の後に「真理と正義を愛し」から「自主的精神に充ちた心身ともに健康な」に及ぶ「形成者」の具体的な諸特性（社会的・文化的諸価値の実現）が示された。「平和的な国家及び社会の形成者」の文部省（当時）英訳は「as builders of peaceful state and society」である。「完成」だけをとればまるで完璧主義の人間を育てるように見えるが，決してそうではない。その意味は，この世に生を受けたその人が，その人格のあらゆる面を全うしていくということを意味している。「人格の完成」は「the full development of personality」，つまり「パーソナリティーの

第Ⅲ章　子どもたちの人格形成と教育の基本　　**63**

最大限の発達」という意味である。個人は，それぞれ弱さやもろさやあるいは様々な矛盾を抱えている。その人間性を有する一人ひとりがその人としての統一的な主体を形成し，それを最大限に発達させる。これが「人格の完成」であり，それは同時に，この国を平和的なものにし平和な社会を形成する担い手（同上英訳では builder）に育つことでもある。このことが教育の第1の目的だといっている。

　改定教育基本法第1条は「形成者として必要な資質を備えた」主体の育成としたため，根本的な違いが生じた。文科省英訳（試案）は，「who are imbued with the qualities necessary for those who form a peaceful and democratic state and society」である。日本語では同じ「形成者」であっても，改定前は，「平和的な国家及び社会」を build する主体になることであったが，改定後は，何が「必要な資質」かは条文に示さず国の目指す人材像に即してその中身を規定し，なおかつ同法第17条の「教育振興基本計画」の法的拘束力をもってそれを全国の地方公共団体で徹底させることを可能としたのである。

　戦前のように絶対主義天皇制のもとで天皇から受ける恩恵に一命をささげる良き臣民となるには，ひとたび国を揺るがす事態が起こればいつでも「義勇」をふるってこの身命を「公」，つまり天皇が治める国家にささげる，というのが「教育ニ関スル勅語」（1890年発布）の「臣民」観であった。そういう臣民教育や人間の命が国家の前で軽く扱われるような扱い方を絶対にしない，という国民宣言として47年教育基本法の「教育目的」は定められた。

　ところが，大綱は，「教育の目的」として，「共同体の関わりのなかで人格を陶冶し，社会・国家，ひいては世界に貢献する日本人を育成することが教育の目的である」ことをうたおうとした。国家の為，世界貢献の為に教育することは良いことではないか。そう考える人は多いであろう。しかし，そこに問題がある。生を受けた一人ひとりの個性，様々な可能性を引き出し伸ばしていく教育ではなく，初めに共同体との関わりありき，初めに国家貢献ありき，なのである。参考までに，大綱には，随所に「共生」とか「共存」という言葉が出てくるが，それらは人権主体同士の可能性に充ちた関係を言うのではなく，あくまで（当時の）国家から見た事柄，国家という共同体の一員として生きよという文脈だということを押さえておく必要がある。

　さらに，大綱では，「平和的な国家及び社会の形成者」という文言は先ず削られた。同案の「教育の方針」では「国民が国家の一員として責任を自覚して」

という表現にみるとおり「国家の一員」が強調され，個人は国家共同体の「駒」のような扱いを受ける見方がある。これを，筆者は国民の「一員性」と呼んでおく。別な言い方をすれば，一つの「材」である。役に立てば使っていこう。役に立つかどうかは本人次第であり，社会の流れから捨てられていくのもやむなし。国民一人ひとりは，そういう扱いをうける存在ということである。しかも「国家の一員」としての「責任」は当人に求められる。国民は「国家の一員」であるという自己責任をもって国家に貢献せよ，という考え方がこの大綱では，はっきりと前面に出てきていた。

　47年法第3条の「教育の機会均等」では，子どもの能力や学び・学力をあらゆる機会を通じてエンパワーしていく，つまり子どもの権利に応え，その権利行使を保障していくという立場が明確に条文化されていた。ここでの「ひとしく，その能力に応じる教育を受ける機会」というのは，日本国憲法第26条の「すべて国民は，その能力に応じて，ひとしく教育を受ける権利を有する」を受けたもので，等しく，教育を受ける機会を保障すること，つまり機会の均等，ここに力点がある。これは，能力の高い者がそれなりの高いレベルの教育，そうでない者にはそれ相応の教育，を意味しているのではない。
　ところが，この「ひとしく教育を受ける権利」の保障ということが，大綱では，「その能力に応じてひとしく教育の機会が与えられ」るものと，語順が完全に入れ替わった。47年法では，教育を受ける機会が平等に保障されるべきことを前提にしているから，「その能力に応ずる」教育というのは，教育のあり方，教育内容が子どもたちの条件にふさわしく構成されながら平等に教育の機会が保障されることをうたっていると解することができる。「能力に応ずる」は，子どもの発達要求，学びの要求に応ずる，という文脈でとらえるものなのである。「能力」は，これから展開される教育の可能性への起点に位置づくもので，そこが終着点で，そこに合わせる，あるいはそこに教育を限定するのではない。
　しかし，大綱では，「能力に応じて」を筆頭に挙げた「教育の機会」の条文に変えるとした。すなわち，現下の能力水準が教育の機会を与えられる際の教育水準を規定する，という文脈に入れ替わった。これでは，教育の機会を与える原理は，「能力に応じる」であって，「ひとしく」ではない。与党協議会の「中間報告」では，この「教育の機会均等」に関しては，「国民は能力に応じた教育を受ける機会を与えられ，人種・信条・性別等によって差別されないこと」云々

とされた。ここでは，「能力に応じた教育」と明示され，しかも「ひとしく」が消された。

これに対して，各界から批判が起こり検討を経たうえで最終的な政府案は次のように改められ，国会でもこの条文案が可決され，成立した。「第四条（教育の機会均等）すべて国民は，ひとしく，その能力に応じた教育を受ける機会を与えられなければならず，人種，信条，性別，社会的身分，経済的地位又は門地によって，教育上差別されない」。

47年法の精神はこの件では，かろうじて守られた面もあるが，「能力に応じる教育」は「能力に応じた」教育に改められた。「能力に応じる」教育はその「能力」の可能性を様々に探究してその教育を創造していくニュアンスがあるが，「能力に応じた」教育としたために，当事者の「能力」が診断・評価されればそれに応じた一定の教育がそこで固定化されるニュアンスが出てしまった。能力別教育がいっそう導入されやすくなる条文規定になっている。

2　家庭・学校，教育行政のありかた

新たに「家庭教育」を設けたのが大綱の特徴であった。これは当時の小渕恵三首相の諮問機関であった「教育改革国民会議」の中で強調されていたことと連動しており，「家庭教育は教育の原点であり，保護者は子供を教育する第一義的責任を有する」とされた。背景には，一連の少年事件や問題行動の広がりがあった。しかし，家庭の孤立化をそのままにし，地域社会の崩壊を放置したままで「家庭の教育責任」を求めるのは，国民の生活現実に対しては「上からの」統制の性格を帯びていた。それにも拘わらず，「改正」法ではそれが盛り込まれて，次の条文として位置づけられた。

第十条　父母その他の保護者は，子の教育について第1義的責任を有するものであって，生活のために必要な習慣を身に付けさせるとともに，自立心を育成し，心身の調和のとれた発達を図るよう努めるものとする。
2　国及び地方公共団体は，家庭教育の自主性を尊重しつつ，保護者に対する学習の機会及び情報の提供その他の家庭教育を支援するために必要な施策を講ずるよう努めなければならない。

上記の第2項を根拠に2016年頃から自民党を中心に「家庭教育支援法」が準

備されている。それは「親の学び」「家庭支援」の呼び名で広がりつつあるが，こうした動向による法案化は「家庭に対する強制力をもたせることはないのか」「家庭の自主性が本当に保障されるのか」の危惧の声も上がっている。

次に，47年法の第6条「学校教育」で，「法律に定める学校は公の性質をもつ」とあった件は，大綱では，その「公の性質を持つ」ということが，すべての国民に開かれた本来の公教育の保障という文脈からずれて，「特定の政党を支持し，又はこれに反対するための政治教育その他の活動をしてはならない」というように政治活動規制の規範という別の文脈に使われてしまった。

もともと47年法の同条文は，教育の公共性，つまり教育というものがすべての人に開かれ，個人の教育を受ける権利を等しく保障するものとして，教育の機会の充実を図っていくことを指していた。これに応える「全体の奉仕者」が「学校の教員」であると，47年法第6条2項は明瞭にうたっていた。

「公の性質」が，教育活動を解放するのではなく逆に規制するための枠組みとして使われている「改正」大綱案では，「教員」の処遇の規定も違った。同案では，新たに1つの条文として「教員」の項をおこし，そこでは「法令を遵守し，国民から負託された崇高な使命を自覚し，（中略）職責の遂行に努めなければならない」ことを規定することを提案した。憲法等の法令遵守は専門職者としては当然のことであるのに，それを同条文のように新たに起こすことからもわかるように，国家の見地から教員の使命を求めていく点が強くなっていた。

ここには，本稿をまとめている現在（2018年）にも通じる根本的な問題が潜んでいた。すなわち，大綱は教育の公共性の法理念を打ち消しているうえに，国家から見て必要な公共を前面に出して，その見地から「公の性質」を持つ学校，その教員の「使命」「職責」を重視する，という構図になっていた。国民は，国家共同体の一員であること，その国民には能力に応じて教育の機会を与え，学校は，国家を批判的に論じるような政治的な偏りをしてはならず，そのためにも教員は国家公共の重要な場である学校の「公」に応えて，その使命と職責を果たさねばならない。このように，「教育の目的」からずっと一貫した「改正」の論理が大綱には見られた。

最終的に可決成立した「改正」教育基本法では，まず「第六条　法律に定める学校は，公の性質を有するものであって，国，地方公共団体及び法律に定める法人のみが，これを設置することができる」とし，新たに次の「教員」の条文を起こした。「第九条　法律に定める学校の教員は，自己の崇高な使命を深く

自覚し，絶えず研究と修養に励み，その職責の遂行に努めなければならない。

　2　前項の教員については，その使命と職責の重要性にかんがみ，その身分は尊重され，待遇の適正が期せられるとともに，養成と研修の充実が図られなければならない」とされた。大綱にあった「法令遵守」の文言は消えたが，その「教員」像が底流にあったこと，あること，を忘れてはならない。

　47年法第8条の「政治教育」では，主権者市民に育つための必要な政治的な教養（知）を尊重して教えていくことを第1項でうたっていた。国や文部行政はその第2項の方を使い，教員の政治活動の規制あるいは様々な政治的なテーマにかかわる学習トピックスを授業等で扱うことを強く統制してきた。この点で大綱では，「政治教育」の第2項で「党派的政治教育」を禁じるという，47年法の同条文の趣旨とは大きくかけ離れた「改正案」を出していた。

　最後に，「教育行政」については47年法では「教育は不当な支配に服することなく，国民全体に対し直接に責任を負って行われるべきものである」とある。この条文の見地が大綱では当初，全く逆であった。「与党の教育基本法改正に関する検討会」がまとめた「中間報告」では，「国民全体に対し直接に責任を負って行われるべきものである」は削除され，「教育行政は不当な支配に屈することなく，国・地方公共団体の相互の役割分担と連携協力のもとに行われること」となっていた。主語は「教育行政」である。そうすると，「不当な支配」から守られる対象は教育行政になる。これでは，教育行政への市民の声や運動も「不当な支配」の範疇に取り入れらかねないし，教育改革への国民参加はますます難しくなる。最終的には，「第16条　教育は，不当な支配に服することなく，この法律及び他の法律の定めるところにより行われるべきものであり，教育行政は，国と地方公共団体との適切な役割分担及び相互の協力の下，公正かつ適正に行われなければならない」として可決された。

　ただし，「改正」教育基本法では，新たに「教育振興基本計画」の条文を加えてこれを認めさせた。「第17条　政府は，教育の振興に関する施策の総合的かつ計画的な推進を図るため，教育の振興に関する施策についての基本的な方針及び講ずべき施策その他必要な事項について，基本的な計画を定め，これを国会に報告するとともに，公表しなければならない。2　地方公共団体は，前項の計画を参酌し，その地域の実情に応じ，当該地方公共団体における教育の振興のための施策に関する基本的な計画を定めるよう努めなければならない」

　読んで字のごとくで，国が打ち出す「基本的な計画」を地方公共団体は「参酌」

して実行に移すことが法律上，義務付けられた。第16条で，教育は「この法律及び他の法律の定めるところにより行われるべきもの」として「改正」法に縛られることを明示したうえで第17条が新設されたことは，実質的には教育を「国の基本的計画」の下で「支配される」構図に変えたのである。

第2節　個性・能力・人格をどうとらえるか

　教育基本法「改正」をめぐるポイントは，個性・能力・人格をどうとらえるかにある。個性・能力・人格がまっとうに発達するのを支えるものとして教育がある。これが教育の基本だからである。その意味では，教育基本法は，子どもたちの苦しみや呻き声によりそいながら，その子どもたちを力づけ，一人ひとりが自立にチャレンジする際の権利行使を支える国の公法となるべきものである。そのための条件は国や自治体が財政等の援助をし，教育内容は国民の付託を受けた教職員が整えていく。こういう法の条理に立つ法律である。

1　「個性」重視が問いかけたこと

　歴史的に見ても，「個性」は教育の複線化や差別化を合理化する手段としても使われて来た。1960年代に能力主義管理ということが経済界から持ち出された時もそうであったし，71年「中央教育審議会答申」が幼児から大学生に至るまでの能力開発を優先して教育制度を体系化する抜本的な制度改革を打ち出した時も，「個性」の伸長がその主要な手段として打ち出された。

　問題は普遍的な「個性」を述べる形を取って，市場から見た，市場活性化のための「個性」が主張されていることである。

　こうした市場化対応の動きにいち早く反応し，最も現場にいる感覚で様々に感応しているのは誰か。子どもたちである。

　90年代の半ばに，なぜ，「学級崩壊」があれだけ拡がったのか。90年代半ば近くの頃に愛知県西尾市で起きた中学2年生の「いじめ・自死事件」はなぜ起きたのか。それは偶然ではない。市場で役立つこと・もの・ひとこそ価値があり，その価値の序列によってできあがる社会の構成こそ妥当な社会体制である，とするのが新・自由主義であるが，この新自由主義的な「個性」観が社会に浸透されて行く時と上記の子どもたちの中で起きた事象とは，ほぼ重なっている。

　「学級崩壊」は以前は多少陽性の要素のある「学級崩壊」であったが，いまは

陰性の傾向が強まっている。陰湿な，内側にこもった現象で，教師の知らない
ところでいじめが起こりやすく，以前にもまして思春期を生きる子どもたちの
トラブルが起こりやすい。さらに，最近の傾向は，小学校低学年で「暴力行為」
やトラブル・対立が増えていることである。その背景には，「個性」重視による
個と個の分断，関係性の切断がある。子どもたちは，自分が自分であることを
素直に表現して，あなたはあなたで良いんだよという風に言って欲しい。しかし，
それが一体どういう風に評価されていくのか。それを気遣いながら，学校社会
で生きていかなくてはならない。なぜなら，教育界で重視される「個性」とは
教育評価のまなざしでスクリーニングにかけられる「個性」だからである。一
人ひとりが存在しているその姿を「実体」というが，教育政策が言っている「個
性」は実体としての個性ではない。市場でより良い評価を得るのに優位に働く，
そういう人材機能としての「個性」育成を教育政策は重視してきた。

　1990年代後半に，中央教育審議会が「個性重視の原則」でこれからは教育を
改革する，そのコンセプトは「自己責任・自己選択」であると述べた。「自己責
任・自己選択」という言葉は，90年代の終わりに，まさに市場原理を映し出す
ものとして意図的に使われた。このことが，市場活性化にとって必要な「個性」
問題のすべてを物語っている。

　教育基本法の次元ではどうか。47年教育基本法が描いた「個性」は，実体と
しての「個性」に力点があった。すなわち，様々な他者と出会いながらその中
で豊かな経験を積んでいくこと，そして一緒になって文化の創造に参加してい
くことが個性をはぐくむ，とうたった。それは，「普遍的にしてしかも個性ゆた
かな文化の創造」(47年教育基本法「前文」)という条文の文言に端的に示された。

　しかし，「改正」教育基本法では，「個性」の言葉さえ消えた。「我々は，この
理想を実現するため，個人の尊厳を重んじ，真理と正義を希求し，公共の精神
を尊び，豊かな人間性と創造性を備えた人間の育成を期するとともに，伝統を
継承し，新しい文化の創造を目指す教育を推進する」(同法「前文」)。「前文」
だけではなく，すべての条文に「個性」はうたわれていない。それよりは，前
に述べた国家の「一員性」をもつ個人が各所で持ち出されている。

　「個性」は，その時代が求める個の理想像を抵抗なく人々が受け入れるように
使われやすい言葉である。戦前のファシズム期に「個性」が唱えられたことも
忘れてはならない。戦時下の1941年に国民学校令が出され，国民の精神総動員
体制に入った。その時の国民学校令施行規則の中に，「児童心身ノ発達ニ留意シ

男女ノ特性，個性，環境等ヲ顧慮シテ適切ナル教育ヲ施スベシ」とある。ここでは，それぞれの持ち場で国家の精神的総動員に役立つような働きを為せ，その主体者となる「個性ニ顧慮」する教育であれ，という文脈で提示された。このように「個性」が全体奉仕のための個のありかたを正当化する手段として使われたことも知っておく必要がある。

2　能力主義の持ち込み

「能力」については，憲法26条の「その能力に応じて，ひとしく」をめぐる専門家の間での議論がある。当初は「能力以外の条件によっては差別されることはないが，能力の程度でのそういう差別はこれは当然あり得る」という能力程度主義説というのものが一時あった。しかし，更に人権論・権利論を徹底していくなかで，「権利主体である子どもの発達の必要に応じて，したがって発達援助を求める者にはそれにふさわしい教育条件等の整備を保障する」という発達保障主義説へと，専門の教育法学の分野も変わってきているというのが，この間の基本的な流れである。その背景にあったのは「教育を受ける権利」の保障であり，「学習を通して発達する権利」が「教科書裁判」の杉本判決（1970年7月17日）等々でも明らかにされたことである。

戦後の流れを見ると，能力主義にもとづく教育の多様化・複線化が持ち出される時には必ずといっていいほど，47年教育基本法に攻撃が向けられた。この教育基本法の根底にある，平和主義に基づいた人格の形成を何とか塗り替えよう，作り替えようとしたからである。

たとえば，戦後に制定されて4年後の1951年には，当時の吉田茂のもとに政令改正諮問委員会なる諮問機関が設けられ，直ぐ役に立つ職業人を育成するための職業教育という形で，中学校・高等学校の多様化ということが持ち込まれた。そのためには教育基本法の機会均等が邪魔になるので，教育基本法の見直しも必要であるということが主張された。以後，同じような問題を含んで「改正」論議とセットで登場してきた。こうした流れから大きく変わったのが，すでに見た大綱の教育基本法「改正」案であった。そこには平和主義の人格形成と教育に対する対決姿勢が表わされていた。ここにおいて，教育基本法「改正」は，憲法9条の「改憲」という明文改憲論議と軌を一にして登場してきていることが明らかであった。

第Ⅲ章　子どもたちの人格形成と教育の基本　　71

3　人格の自立

　子どもたちが成長して，これからの日本の社会，そして日本という国家を，民主的で平和的な社会および国家として築きあげていく営みにどのように参加していくか。その平和的な担い手になっていく過程が，一人ひとりの人格の自立の歩みなのである。国家の打ち出す施策に対して無批判に従うことが国家構成員のあり方ではない。必要な事は批判し疑問を述べ，憲法がうたう幸福追求権を侵害する動きが政府にあればその政府を変えて自分達の幸福追求にそった政治や経済を確立できる国家に改める。憲法が求めている自立し自己統治する国民の姿はここにあるし，そういう営みを分かつ一人ひとりが市民なのである。

　市民とは，国家のあり方を相対化し，歩むべき針路を知的にも行動的にも追究していく自由な政治的主体のことである。その市民の成長とは，理性的な力を備えた人格的自立の姿でもある。その市民像も多様で個性化しているのが現代である。

　その課題は，ジェンダーとマイノリティの観点からの個人の尊重と社会的連帯・交流である。ジェンダー問題は，早くからフェミニズム研究者や活動家によって探究されてきている。その考察は，社会生活における「男らしさ」「女らしさ」の批判的検討にとどまらず，世界思想史における思想家や哲学者においてもジェンダー的な弱点があったことの批判的分析にまで至っている。J. J. ルソーが男児「エミール」を主人公にして教育小説を書いたその各場面でもそのことが問われているし，筆者が一貫して読み返してきたヘーゲルにおいてもジェンダー的な偏り（ジェンダー・バイアス）が問題であると批判されている。また，性的マイノリティとされる LGBT（レズビアン，ゲイ，バイセクシャル，トランスジェンダー）の主張も，人格の自立を考える上では重要になっている。すなわち，それは各自が生得的にもつとされている「性」そのものが自分の意識と適合しているのかどうかを含んでおり，この性同一性を視点に持つ「性の多様性」を主張する文化なのである。

　人格とひとことで語っても，その実体（社会的矛盾を内側に持ちながらも生きている主体）は実に多様である。それは人間の社会としては当たり前のことであるのに，ある規範的な人間像（生き方像）が示され，それに適するように努めないと社会から逸脱しているか，例外であるかのように見られる。したがって，ジェンダー問題や性的マイノリティの文化の問題は，それぞれの個人の側

に「壁」があるのではなく，そうした個の多様性や複層性を受け入れようとしない社会の側に「壁」がある。本稿を執筆中に，自民党のある議員が月刊雑誌で，LGBT は「子どもを作らない。つまり生産性がない」からその「カップルのための税金を使うことに賛同が得られる」か，と書いて当事者たちを攻撃した（『新潮45』2018 年 5 月号）。

　子どもを産む・産まないによる差別と共に，人の存在意義を市場的な結果で測る PDCA サイクルそのままの思考がゆがんで現れている。重要なのはその「社会の壁」をどう変えていくかである。その力は，根本において教育の可能性にあると筆者は考えている。教育研究の諸科学が成り立つのも，その 1 点に由来するといっても過言ではない。

第3節　市場原理から自立した教育創造

1　どの子にも，自己肯定のできる環境づくりを

　本来の教育基本法の精神を生かすよう，足下の現実を少しでもかえていくにはどうあればよいか。一つは，子どもにとって自分の「居場所」や自己肯定感の持てる学級や学校，家庭・地域をつくることである。自己肯定感については，高垣忠一郎（元立命館大学・心理学）が「自分が自分であって大丈夫という存在感」だと，分かりやすく定義した。

　筆者の視点からは，自己肯定感というのは他者と関わる中で自分の自立を確かに探っていること，その他者との共有感覚だと考える。つまり，他者と関わる中で自分の自立を探ることがある確かさをもって感じられることが大事なのである。その人が周りの人によって共感され受容され，そうして愛されていることを実感できる関係性が必要だということである。高垣も基本的には同じ意味内容で述べていると理解している。

　ところが，その自己肯定感が育ちにくい学校環境があることも事実である。ある県の小学校は文科省の指定を受けて「習熟度別授業」のモデル校として研究をし，特定の教科（算数と理科）についてクラス分けをした。その習熟度別クラスの名前が，「のぞみ・ひかり・こだま」であった。同校によると「のぞみに行くか，こだま行くかは子どもが選ぶようになっている」。だから，子どもが納得した結果なので，どのクラスに属するかは選択が働いているという考え方

であろう。少人数授業で分けるということの本来の趣旨は，つまずいている者がいれば教えあい，早くわかった子とどうしてもわからない子とが交流していくなかで，学びの持っている教育力が発揮されていくことにある。それが，「習熟度別」の導入で能力格差に応じたものに変形していくおそれがある。教育基本法「改正」大綱が述べた「能力に応じて」が「ひとしく」より先行する教育は現場のほうでいち早く浸透してきている。「習熟度別」と名乗ろうが「能力別」と名乗ろうが，実質は能力主義的な能力格差を前提とした，効率のいい能力開発を目的とする教育が主流になりつつある。

　しかし，一方では，地域社会の中にあっては少人数学級拡充の市民運動，子どもの「自己肯定できる空間」を語り合う父母と教師の懇談の場づくりなど，積極的な動きも起こっており，対話を呼びかければ応えがある情勢にある。このような社会的関心の広がりを子どもたちの学びにも目を向けていくことで，教育現場の何が問題なのか，それをどう変えて行くかを保護者と教師が共に対話することが今後はますます大事になっている。その過程では，上記の能力主義的な効率の良い教育を保護者の側も求めている面はないのか，保護者の描く「個性」観がそれを結果として保持する一要素になってはいないか。その問い直しも必要である。

2　つながること・共同すること

　教育を創り出していく二つめの論点は，つながること・共同することである。子どもの側から内発的に表現される人間性が個性であるが，その多様な個性の持ち主である子どもたちが一緒に，共有した生活世界のもとで，自分たちの価値を築き上げる活動を行う。これが，今大事な教育改革の原点であると，筆者は考える。

　47年教育基本法には「自他の敬愛と協力」（第2条　教育の方針）という価値が述べられていた。同法第5条「男女の共学」のところでも「互いに敬重し，協力しあ」うことがうたわれた。どちらも英文訳では，mutual（名詞はmutuality）で，「相互に」とか「相互性」の意味を持つ。この用語は，共通・共同と言うときのcommonとほぼ同じ意味ももっている。このように，「一緒に，敬愛しあい，共同して」ということを教育基本法は社会的関係の原理として述べていた。それは，ケアする関係性を法の次元で明示したといえる。

　新自由主義的な，市場原理優先の改革の本質は，「一緒に共同して」とか，「共

につながる」ことを壊す点にある。イギリスの元首相が述べた「社会はない。あるのは個人と家庭である」の言葉が端的にそのことを述べている。「改正」教育基本法でも、第5条（学校教育）において、学校の「公の性質」をうたった次の項で、「前項の学校においては、教育の目標が達成されるよう、教育を受ける者の心身の発達に応じて、体系的な教育が組織的に行われなければならない。この場合において、教育を受ける者が、学校生活を営む上で必要な規律を重んずるとともに、自ら進んで学習に取り組む意欲を高めることを重視して行われなければならない」としている。

　このように学校の秩序のもとに個々人が従属する関係性をうたい、その体制をバックに「学習に取り組む意欲を高める」としている。

　ところで、この「学校生活を営む上で必要な規律」の揺らぎは、こんにち、子どもたちの日々の生活に見事に出ている。例えば、30人前後の子ども達が一緒に何かに取り組む、話し合いをすることがいかに大変なことか。現在の社会情勢においてはもっと小規模の学級基準にしていくことが早急に必要であるが、現状の競争主義のなかでは、「問題のある」子ども、「課題を抱える」子どもは様々に現れてきやすい。

　では、47教育基本法がいうような相互性とか共同はまったくの理想にすぎないのか。

　そうではない。丁寧に問題を取り上げながら話し合いをし、つながることを子どもが学んでいくなかで共に生きることを大事にしたい。そういう教室づくりを多くの実践家が追究している。例えば、ADHDと診断された子どもは幼児期から周りから嫌われがちであったこともあって、集団の場面で何かあればパニックを起こす、トラブルを起こすし、暴力をふるう。余計に周りから避けられる。しかし、その子はとても友達を欲しいと思いながら、なかなか友達が得られないという、悩み、寂しさの中にうちひしがれている。それを担任の教師は、最初は「止めなさい」といって、叱ったり、押さえようとするうちに、その子の根源の願いを知り、それからは教師も指導法をあらためていく。教師が、その子の行動の裏にある思いを聞きとり、受け止めるようにしていく。例えば、授業中、その子が抜け出して勝手に音楽室に行って楽器を滅茶苦茶に叩いていたら、かけつけて、その子に「楽器を演奏したいんだね」と聞き取ってやって、そういう場面を作っていくようにしていく。そしてその子の得意なものをクラスの中で出せる場面を集団づくりを通して創りだしていく。このように、まず

教師が ADHD の子と出会い直し，つながり，それを介して，クラスの子どもたちとその子がつながって，共に生きている空間が生まれていく（以上は，大和久勝『「ADHD」の子どもと生きる教室』による）。

　もう一つ，大和久がその実践記録で強調したのは，子どもたちとの共同とともに，保護者とも共同し，教師どうしも共同していくことである。養護教諭を含めて，である。保護者の間では，当初は，ADHD の子に対して，乱暴な子，問題のある子と見てその子とのつながりを避けようとする。その親の理解を得るために，学級の父母懇談会で，その子の母親がいかに子育てで苦労してきたか，これまでいかに辛い思いでいたかというのことを語ってもらい，保護者どうしの相互のコミュニケーションを図ることもやった。教室のそういう対話と出会いの一歩一歩に，本来の教育基本法の精神である相互性・共同性が生まれ，守られる姿がある。

3　教育の公共性を支えるパートナーどうし

　政治に関する知の力を育てることも，今大事になっている。「命」「人権」というテーマをもとに「総合的な学習」で，あるいは教科の学習で，各地で教師が取り組んでいる。地道な形で教師が実践を切り開こうとしているそのことに，保護者から「教師のその仕事が教育を守る一角をつくっている」と認めてあげることが大事である。そのうえで，教師が評価され，競い合わされ，教師自身の指導力・管理力が煽られるような状況でいかに教師が疲弊していくかを理解し，その職場実態は子どもの教育にとっても大きなマイナス要因であることを，世論として保護者の側からあげていくことは必要である。

　その意味で，教育の公共性とは何かということは，絶えず問い直されなくてはならない。教育実践の主体者である教師にとって，保護者も子どもも，教育を改革していく，あるいは学校をつくっていくパートナーである。以前，筆者が長野の上諏訪地方で開かれた教育集会の講演に行った際に，長野県立辰野高校の生徒の報告を聴いた。その締めくくりで，「わたしたちもこうやって生徒会を通して頑張っています」「会場にお集まりの皆さん，わたしたち高校生を一人の市民として受け止めて，一緒に教育改革を考えて欲しいです」と，生徒は述べた。この視点を互いに共有する必要がある。

　自分が立っている「いま，ここに」教育の基本の在り方（理念）とは何かの応用問題がある。「今職場は大変だし，むずかしい教育の話はみんな疲れていて

出来ないし，無理だよ」で教師の職場も，保護者どうしの会合も流れていくのでは，結局自分の足下をすくわれていくだけである。それらのすべては子どもたちへの悪影響となって現れる。

第4節　真の教育改革のために

1　人間的自立を支える教育基本法の現代的意義

　教育基本法というのは，一人ひとりの人間的自立と個性あふれる生き方を支える普遍的で共通な根本の法である。トータルに日本の教育改革を見ながら，同時に足下の教室や地域や家庭を見る。それらをつないでいく要は，子どもたちと共にどういう生き方を探り，どのような社会を築き上げていくのか，にある。

　その羅針盤となる理念が教育基本法である。47年教育基本法は改革の民主主義原則を表明した。国家主義や軍国主義ではなくて，民主主義の発展する世界を国民が主体となって選び取っていくことをエンパワーする（国民の権利行使を正当であると保障してくれる）ものとして，教育基本法はあるべきである。日本国憲法が示す政治体としての国家を国民自ら選び取り，それを平和的で民主的なものに変えていく営みを広げ，その過程で一人ひとりの幸福追求と生活の安全を維持していくための政府・行政を築いていく。この考え方のもとでこれからの日本の社会を展望して行く必要がある。

2　市場主義的「改革」の矛盾

　次々と「改革」の施策が話題になってきた。「小中一貫校」が認められ，各地で，そのための統廃合が議会マターで審議され，住民の多様な反応もある中で強行される傾向にある。9年間一貫のカリキュラムの系統性や，学年の区切りを弾力化する（たとえば6・3ではなく5・4のように）方策，それから小学校の入学年齢を弾力化する（5歳から7歳までの幅をもたせる）などが論議されてきた。さらに，義務教育段階でも「落第制」（原級留置の制度）の導入を検討することや，「飛び級制」の検討も論点にあがってきた。大学及び大学院の「飛び入学」は実施されていて，高校2年以上在学して優秀な成績を修めた者については，一定の条件で大学の受験を認め，入学を認める。大学院も大学3年以上在学して成績優秀の者については，一定の条件を審査して受験を認め，水

準に達したものには大学院の入学を認める。この仕組みを義務教育にも，という論点である。その狙いはエリート養成にある。

「落第制」は，義務教育を現行の年齢主義から教育内容の修得主義へ換えていくことを意味する。年齢主義は入学年齢から卒業年齢まで一定の年数を履修することで卒業要件を満たすとする考え方であり，修得主義は学年ごとの教育水準を確かにクリアできているという考査の結果によって進級を認め，それができないと原級にとどめおく考え方である。日本の学級は，戦前（1890年代から）・戦後を通じて，義務教育の学級は生活集団と学習集団の統合した編制として設けられ，年齢主義をとってきている。「落第制」導入の論議は，近代学校開始の当初にあった修得主義を復活させるもので，文部科学省が少人数授業で学習集団の多様な編成を推奨したり，学習指導要領についてもこれは最低基準である（それ以上の教育内容は学校の裁量で可能である）と言い換えてきたことと，軌を一にしている。

「飛び級制」は未実施である。たとえば小学4年生に在籍している子どもについて，その学年はもとより次の学年目標のレベル以上であることが一定の手続きで認定されれば，本来であれば5年生に進むところを6年に進級するのを認める。そういう形で次の学年を飛び越えて進級する仕組みである。

私見では，以上の「改革」方策のいずれも，ますます国民の統合をあやうくし，社会の不安定化と階層格差を招く。競争的自立（実は人々の間の孤絶と孤立化）が徹底してはびこる社会には，人々にとっては安全も安心も得られない。ここに根本的な矛盾がある。

3 真の普通教育の再生・発展のために

度々繰り返されてきた「改革」方策は，まず第1に，現在の学校制度を弾力化させながらエリート教育と大衆的教育との二極化を効率よく推進しようとするものであること，第2に，学校教育法にもうたわれている普通教育のあり方を根底から変えていくものであること，そして第3に，どの子にも普遍的な国民の基礎的能力を育成するという，国としての大事業である義務教育の役割を市場原理に追随させていくものであることを示している。

2006年の教育基本法「改正」は，国家の意図する人材育成のための教育体系を樹立するためであり，国際的な市場競争が激化し各地で紛争が起こり，日本が同盟国と現地戦争に加わる確率が高まる中で，みずから進んで国のために我

が身を投げ出せる一定の大衆層を効率よく養成するためである。

　それに対して，良識ある国民としては，子どもの人格形成を基軸に据えて，子どもの側に立った理解，その生き方を普遍的に支える根本法として教育基本法を再認識し，その本来の姿にもう一度戻す可能性を探求していくことが大事である。その目線で，子ども・教職員・保護者・市民が相互にパートナーとして認めあい，共に立ち上がっていくことが，教育の基本に対する本来の守り手になっていくことである。

まとめ ——「人格の完成」の教育理念の復権を——

　2017年に告示された新学習指導要領では「育成すべき資質・能力」があらゆる教育活動の柱となっている。その特徴は機能主義である。機能主義とは教育の「機能の能率的発揮」だけを問題にし，「その機能が個人・集団という実体によって担われていることを，ことさらに無視する」立場だともいわれる（城丸，37頁）。哲学的には，「機能主義」は「結合・関係・連関によって対象を記述」するが「対象の本質を矛盾において見ず」「諸現象の差異・相克」を平板に，連続でとらえる見方とされる（『哲学事典』平凡社）。「実体」とは，その人の今生きている現実の姿をいう。「実体」は存在のリアルな認識からくる言葉である。つまり，人は他者を介して初めて自己が成り立ち，その否定性を媒介として自己形成・自己実現していく主体的存在である。このことも参考にすると，機能主義的な子どもの見方は，評価対象とする諸能力がどう効果的に働いているかを見るが，ひとりの生活者であり矛盾的存在としての子どもを無視する。

　国立教育政策研究所の著作は，「資質・能力は，対象が変わっても機能することが望ましい心の働き」と明記している（同研究所，34頁）。先の見えにくい現代社会において次世代の国民が身に付ける「資質・能力」規定は，一見するとわかりやすい。その一方で，そこでは，新自由主義の抱える諸問題やそのもとでの子どもたちの生きづらさ・希望の持てなさなどの社会的現実がとらえられていない。まるで真空の中で育てる「資質・能力」である。ここに重大な落とし穴がある。そのことを城丸章夫がこう指摘していた。「能力主義教育は，能力のみを問題とし，人格の形成を無視することによって，実は，子どもを人間として差別する。そうすることによって，子どもの人格を丸ごと支配しようとする」（城丸，76〜77頁）。同様の問題を梅原利夫も述べている。「思考力・判

断力・表現力等」「人間性等」の「等」のように「限りなく概念が拡大される可能性が付与され」「さながら全人格まるごとという広がりがみられる」と（梅原，22頁）。まさに「人格丸ごとの支配」が強く危惧される。「特別の教科 道徳」は，その象徴的な教科として機能するといわざるをえない。

「資質・能力」は「人格の完成」の下位概念だとしつつも，その人格形成をどう認識するか，その可能性をどのように教育的に探究するかについては深く考察せずに，一人ひとりの子どもの人格形成という本来の主題は無視されたままである。ここには，新学習指導要領が構想する「資質・能力」の形成による「国家・社会の一員」が目的で，子どもたちが要求の主体，社会参加・政治参加の主体に育ち，世の中の矛盾を認識してこれを幅広い人々と共に民主的な対話と討議を通じて変革すべく，自分の意見を持ち行動を起こす。そういう主権者に子どもたちが育つことを最初から避けていることがうかがえる。このことを突き詰めれば，"各個人の自由な自己形成はない，あるのは民族だ"としたファシズムの共同体観に行きつく（南，22頁）。そこに安倍政権下における新自由主義と新保守主義との融合の危険性があるのである。

かつて勝田守一は，「政治家が，自分の権力や統治の手段としてしか人間をみないとき，その権力や統治は非人間化する。その非人間化の行きつく先は，ファシズムである」（勝田，437頁）と明快に読み解いた。その通りである。子どもの「資質・能力」育成を機能主義的に構想して進める国の教育政策は，数値主義による人格形成の管理・統制に傾斜していく流れをすでに多分に有している。しかも，第2期・第3期の「教育振興基本計画」がいう「検証改善サイクル（PDCAサイクル）」は，各学校はもとより子どもと教師に至るまでその完全なる履行を求め，「成果」を測定する指標の明示とその達成を強化せよとする。この教育政策からは，不登校の子どもや虐待環境で苦しむ子ども，貧困の境遇にいる子どもは排除されていく。

2020年度，小学校から順に実施される新学習指導要領のキーワードになる「育成すべき資質・能力」の教育を，子どもたちの人格形成に寄り添うものになっているかどうかの視点から，検証し，必要な内容構成の組み換えなどを教育実践の交流・相互検討を通じて深めていく必要がある。

引用・参考文献

碓井敏正（2003）『教育基本法「改正」批判　21世紀における教育理念の創造』文理閣。

梅原利夫（2018）『新学習指導要領を主体的につかむ──その構図とのりこえる道』新日本出版社。

大和久勝（2003）『「ADHD」の子どもと生きる教室』新日本出版社。

勝田守一（1961）「『人格』を育てること」『勝田守一著作集』第4巻（第3版），国土社，1977年所収。

教育学関連15学会共同公開シンポジウム準備委員会編（2003）『教育基本法改正問題を考える──中教審答申の検討──』（報告集3）報告冊子。

教育学関連15学会共同公開シンポジウム準備委員会編（2006）『教育基本法改正案を問う　日本の教育はどうなる』学文社。

国立教育政策研究所（2016）『資質・能力　理論編』東洋館出版社。

佐貫浩（2018）「子どもの成長と教育の価値を国家の数値目標管理に委ねてはならない──現代日本の新自由主義と教育政策の特質」『前衛』No. 961号，日本共産党中央委員会。

城丸章夫（1992）『城丸章夫著作集』第3巻，青木書店。

日本教育法学会編（2004）『教育基本法改正批判』（法律時報増刊）日本評論社。

第Ⅳ章　市民的自立の学校と教師・保護者

第1節　教師の自己回復

1　新たな教師像を求めて

　すでに前章で述べたとおり，教育基本法「改正」以降の政策的動きは，教育現場に多くの課題を持ち込んできた。その一方で，文部科学省をはじめとして，国際的な教師教育の流れを受けて我が国でも教職の専門性を向上さる施策が講じられてきている。だが，実際のところ，教師の非専門職化をねらうのではないかと疑うほどに，次々と「改革」への対応を求めるわりには教師が育つ原点を守るという基本政策が見えてこない。

　子どもたちの発達の多様化，その家庭を含めた生活環境の複雑化，不安定化を前にしてどう教師は自己の仕事を方向づけていけばいいのか。教師自身の仕事と生き方のオリエンテーションが求められている。その基本の一つは，指導者としての教師像の発展的克服である。権威をもち権力者としての教師像は，子どもの権利条約の時代であり市民社会として成熟しつつある我が国において，もはや社会のニーズや感覚と合致しない。二つめに，教師は子どもたちが必要とする援助専門職（helping profession）だという教師像の確立である。子どもたちを引き上げる，リードする，目標に向かって導く。こうした牽引型の教師像が依然として根強い。しかし，子どもたちがその変革を望んでいる。「自分のことをわかってくれる先生」という言い方で，伴走してくれる他者としての教師を求めている。三つめに，子どもと共に保護者とも対話し教育の当事者同士の要求を結びつけながら教育目標の理解や学びの支援などを調整していくコーディネーター（coordinator）としての専門的力量の一層の充実が求められている。

　一般に，教師の仕事は20年近くをかけて，専門職者として熟達した状態に高まっていくといわれる。すなわち，様々な教職経験や，最新の学術研究の動向との接触・交流を通して，一人ひとりが自らの課題として専門性の探求・確立を引き受け，練り上げていくものである。それ自体が，教師その人の，個性的な作品である。それは，未完でありながらも，その人間性と人間的交流の世界

を凝縮させた専門職者形成の姿なのである。

　教職志望の学生たちに聞くと，そのきっかけとなったことは小学校時代の教師との出会い，中・高校の教師との交流にあったと語っている。このことからも，教職の選択とその探究は，まさにその人の生涯発達の主題だといってもよい。「民衆の中から生まれ，民衆に還る教師」とは，ウシンスキー（1930年代ロシアの教育思想家）の有名な言葉である（折出，1972）。この原理は21世紀のいま，子どもたちの生活現実や発達課題を前にしてさらに重要になっている。

2　教育実践を創り出す主体として

　論点をここで整理する。最近のグローバル化の流れとそのもとでのナショナリズムは，人々の生き方や教え・育てるという関係性を壊す作用として働いている。すなわち，一方では，国際的な競争にのりだしている国家は自助努力・自己責任を国民に求め，それ自体が社会の中に競争的自立の文脈を立ち上げており，このような構造で民衆は権力的に意識を操作され，相互に反目・敵対しあいかねない様相が日常的に広がっている。他方で，個人として自己責任を果たそうとすれば，何が何でも競争に勝ち抜くこと，生き延びることをめざし，競争的自立の枠組みにますます適応していかざるをえない。

　このジレンマを脱する方向としては，身近な生活圏において多様な他者を認め，他者とともに公共空間を創り出し，開放的で相互的な自立とこれを支える自治・共生の道を築いていく生き方がある。これが，対話的生き方である。たとえば，地域における子育てや教育を語り合うネットワークづくりがある。また，教職員有志と保護者が子どもの進路・進学や入試制度について交流しあう市民的なひろばがある。職種・職域を超えていまの労働条件や職場の環境，賃金，残業問題などについて自主的に交流して，改善・改革の見通しを共に探っていくネットワーク的な運動がある。さらには，本書のⅥ章でとりあげる父母による教育改革運動もある。

　子どもたちの抱える問題を見る場合。今日の競争原理の仕組みが子どもとその家庭を追い込んでいることを見落としてはならない。これは，「生きづらさ」を抱える子どもに向き合いその自立を支える原点である。すでにこの立場で奮闘している教師たちも多くいる。しかし，保護者からの一方的な要求やそれとの対話の難しさも重なって苦闘し，子どもたちとのつながりを保つこと自体がきわめて難しくなっている現場もある。それだけでも教師は心身ともに疲弊す

る現状である。

　では，この現実において日常の教育実践を創造していくには，どのような研究と探究の課題があるだろうか。以下では教師を単数表記にするが，それはけっして一人の教師が実践するということを意味するものではない。教師同士の関係性を生きる教師達，社会的自立の文脈で実践を模索する教師達という提起であることを留意していただきたい。

　第1に，教師は，子ども達の生活現実に向き合い，子ども達の生きづらさを直視する視点をもたなくてはならない。家庭的な要因もあるであろうし，社会の労働環境に関わる問題が家庭に影響するなど社会的・政治的な面も重なる場合もある。そうした中で，教師は，学校教育の可能性に信頼を置き，それを同僚と共に実現する仕事を通して子どもたちの未来への成長を援助していくのである。こういう文脈で，個別的な面と共に社会的で集団的な関係の面からも子どもたちが立ち上がることのできる学級づくり・学校づくりを追求していかなくてはならない。

　第2に，その学級づくり・学校づくりの課題としては，これまでの実践と研究成果に立って，① 対話・討論・討議によるコミュニケーションの回復・広がりと深まり，② 小集団（班やグループ）による居場所づくり，③ 学校秩序や教師の指導方針に順応する制度的なリーダーよりもむしろ活動の内容に応じて現れる内発的で多様なリーダーによる活動の広がり，を教育実践の大事な対象世界とする必要がある。これらのことを明確に意識して，教師は，子どもたちと共に自治と文化を追求していく。それは，教師が子どもたちの信頼を得て，学びを軸にして共に創り出す生活空間である。

　第3に，教師は子ども相互の協同や連帯を探っていかなくてはならない。そこには，市民としての生き方の基礎があるからである。これは，お互いを尊重しあう自己と他者の開かれた相互承認の関係性を伴って成り立つ。これからの社会に民主主義を根付かせ質的に高めるには，そのような他者理解，他者との連帯，他者への応答が不可欠となる。そこで，教師としては日常の学級や学校の生活にいかに相互承認の関係を根付かせ，共に行う活動とコミュニケーションをいかに豊かにしていくかを探っていく必要がある。

　第4に，教師は，これらの諸課題の実現を同僚教師や保護者とも分かち合い，そうすることで自己のコーディネーター的役割を成長させていくのである。はじめからオールマイティの教師はいない。子どもたちから学び，子どもたちに

自分のポテンシャルを引き出され，教師に成っていくのである。得意分野を伸ばし不得意な面は研修や研鑽で乗り越えていく。そうした努力のほぼすべてが目の前の子どもたちの成長によって，そこに転化する形で報われて行く。教師の仕事を選んだ原点には，未来を担う人間の形成にかかわり，そこに自分の夢を託することがある。そこにこそ，教師の生きがいがある。

第2節　学校における対話的生き方の可能性

1　いま育てるべき子どもたちの関係性

　子どもたちの生活現実を見る時に，孤立化・アトム化の問題は見落とすことができない。これは，主として新自由主義の政策による影響が大きい。一面では，この事象は，伝統や秩序への無条件服従をもとめがちなわが国の教育風土にあっては，子どもにせよおとなにせよ，個としての自己表現という積極面を持っている。だが，反面では，他者との多様な関係を通じて自己を豊かに形成していくその基礎的な人間関係が獲得されない問題もそこには表れている。周りの他者と関係を結ばない・結べないという問題である。

　この状態こそ，弁証法的に見れば，対話的生き方へのニーズがあるといえる。つまり，関係性の負の状態の中にそれを超えていく関係性づくりへの芽がある。しかし，すぐにはそのようにとらえられないであろう。それほどに事態は複雑で，幾層にも重なっている。その実態を見ると，少子化や遊び文化の衰退あるいはゲームなどの遊びの商品化があり，活動を介して子ども同士の人間関係が成立しがたい。学校では，「学力向上」の流れで競争的雰囲気が強まると，誰かのために自分の力を少しでも発揮する連帯や共同の取り組みが生まれにくく，ちょっとしたことで「荒れる」など集団生活が崩れやすくなっている。事実，学校の日常生活で子どもが他者とつながれない場面が目立つことが各地の教師から語られている（たとえば，全国教育研究集会である「教育のつどい」および全国生活指導研究協議会の夏季大会での分科会報告など）。また，小学校高学年から中高生にかけて携帯電話の普及は著しく，調査によって多少異なるが，その所有率は小学校5年生で2割弱，中学生では約半数，高生になると9割以上に達している。中高生の4割強はSNSやLINEのためにそれを使うというインターネット関連企業の調査結果も見られる。子ども世代において通常のコミュニケー

ションが感情表現や意味をあまり伴わない記号化された言葉のやりとりになって，本来の言葉の交流からすると機能不全になるおそれも見られ，メディア社会の中でその回復が重要な課題となっている。

いま素描しただけでも，どこにもプラスになる要素はないように見える。しかし，否定の中に肯定を読む。これが教師の専門性の支えである。

まず，子どもたちは，互いの感情を伴う「生の言葉」に接することが少ない。初めは難しさもあるが，「しゃべり場」的なとりくみを含めて少し時間をかけて子どもとの対話，子ども同士の対話を確保するようにすると，子どもは「こういう言い方で自分のことを表せるのか」「あの子があのように感じていたとは初めて知った」などと，リアリティのある体験に出会う。つまり，日ごろ子どもたちが言いあっている，相手を貶めるいやがらせ的言葉も，彼や彼女にとって影なのである。まるで記号のように，使い捨てのように吐き出しているが，何ら自分の充足感は伴わない。生の言葉は，そうではない。その子の内面の一端とその子の思考の世界が現れる。まさに，学級の仲間との「出会い直し」を体験するのである。

いじめや暴力も，その発端は相手とのコミュニケーションの成り立ちがたさ，自分の感情を言語化することをさけている粗っぽさ，周りの者を支配したい衝動にかられるTVゲームや一部コミックの影響などが複合して起きている。それゆえに，いじめ・暴力のない，参加・共同・自治の民主的な関係をつくるという明確な方向性をもって，まずは足下の「対話的生き方」の指導を基本として子どもたちと向き合うことである。

次に，子どもたちそれぞれに語りの主体であると認めて，教師は「聴く役」を引き受けることである。「教える」「指示する」「導く」という教師の役割とは反対のことなので，実際には戸惑いもあるであろう。そこが弁証法である。ほんとうに伝えたいことを教え，子どもたちが心から目指したくなる課題を指し示し，その発達の課題を達成していくためには，教師は，「問いかける」「聴く」「応答する」という主体となって登場することが近道である。そのヒントは，子どもたちの関係性を肯定的で共生的なものへと回復させる行為を教師がみずから選んでいるからである。その立ち位置をイメージ化する意味で，筆者は，教師は指導の主体としてよりは，どういう他者として子どもの前に立つかを意識すべきであると言ってきた。

そのヒントは，「北風と太陽」の寓話にあったことは知られている。旅人のマ

ントを脱がすぞと北風が力を込めてもダメで，太陽が出てきておのずと旅人はマントを脱いだ。「マントを脱ぐ」のは誰か，どういう時かを考えて行動せよという示唆と人に接する温かさを説くこの寓話は今も生きている。が，それ以上に教職を鋭くとらえているのは，序章で述べた「教師に三役あり」の説である。その「三役」とは，「医者」すなわち子どもの傷つきを受け止めやわらげること，「役者」すなわち子どもの日々変化する生き方に応じて声をかけ，表情を変えること，「易者」すなわち「明日」に向けて当人の意欲を引き出す視点を与えること，である。形だけで見れば受け身である。しかし，教育の働きかけの質で見ると，教育主体の力量発揮なのである。子どもを指導しなくてはならい，だから指導者であり続ける。これでは肯定のために肯定を，であって生き方が平板で，教師の表情も笑顔１つ見せない，権威ぶった存在になってしまう。子どもが変わるにはまず教師が変わることだ。これも，教師の成長物語の中でよく聞かされた言葉である。

　このような教職の経験知の中に，ある規則性が働いている。すなわち，子どもの自主性を引き出すには，子ども自身が「自分は認められ受け止めてくれている」と，自分の肯定的姿を見守る教師として登場することである。

2　市民的関係の基礎を育てる集団づくり

　では，上述の学校づくり・集団づくりを支える哲学とは何か。

　それは，「いま」（現状）を突き動かす自然発生的な関係（新自由主義的政策による関係性破壊が生み出す力の競争と支配）を変えて，一人一人の自覚的なつながりと活動の共同化によって互いの関係性と活動目的を実現していく「そうありたい現実」（共生や共同を価値としてつながることのできる生活）へ変えていくことである。

　新自由主義が社会の隅々に浸透させられ，自己防衛のために結果として互いを不信の目で見るほどに人間関係の破壊が現われていることが，逆に，新たな実践の課題と方向性を示唆している。まさに，人間は環境の産物であるがその環境を変えるのも人間だ，というテーゼが試される時である。その意味で，たとえ小さくてもいいから，子どもたちの共生，共同そのものが創造されなくてはならない。それでこそ，市民社会の原点である相互承認と社会的行為の公共性が活きる学校へ変えていくことが可能となる。

　自然発生的な「秩序」は，実は，いじめ・暴力がまかりとおる非秩序なので

あるが，これを，自覚的な，知的に構成される世界としての集団の関係に変える。ここに，いま教育実践が向き合わなければならない実践的・理論的な課題がある。

その実践の主題は，目的を共有化できる対話と討議を基礎に，多様なリーダーの登場を引き出し（一方では，多様なフォロアーを育て），多様で多元的な価値をつなぎながら自分たちで価値を構成していく市民的自立の学校づくりである。実際には政府与党の教育再生会議の路線に由来するナショナリズムによる統制主義が教育現場に持ち込まれ，経営・効率・異質排除の学校教育が子どもと教師に押しつけられようとしており，教師はその現実に立ちつくしてしまいがちである。しかし，そうであるがゆえに，生活指導の実践例も示すように，子どもたちのつながりと学びを立ち上げ，それを共生と共同の価値探求へと高めていく実践は，着実に取り組まれている。

3　指導の転換

いま，市民的自立を編み上げていく学校づくりを構想するに当たり，教師の指導性の転換も求められている。非行克服の実績を有するベテラン教師の中には，教師のヘゲモニーを強調する人がいる。新年度の学級開き以後一定の時期を意味する「初期」の展開において，教師が明確なヘゲモニーを持って子どもたちに向き合い（子どもたちを掌握できる）指導言を発することができるかどうかが大きいと，その立場の者は見るのである。

実は，教師がヘゲモニーを有するという考え方が幻想である。ヘゲモニーは権力を持たない者が合意を形成し連帯の中から生み出す共同の主導的力のことである。そのような集団の自律性を引き出すには，指導の課題としてヘゲモニーは子ども集団の側に立っていったん間接化されなくてはならない。

それはどういうことか，簡潔に説明しよう。

教師が子どもたちに対して持つのは，教育上の権力であり権威である。ヘゲモニーは，構成員に分有されて働く集団の教育的な政治力である。だから，子どもたちが仲間の行動や発言を意識化し，自分たちのこの公共空間を意識化することが基本なのである。その関係性を踏まえて立ち上がってくる集団の活動への力動性，すなわち集団内部から合成されるリーダーシップ，課題に向き合う実行力，それらがヘゲモニーの実像である。

「ヘゲモニー」で語られる統制力とは，実は，教師の有する権力（それは学校権力によって付与されているに過ぎない）を子どもたちに示し，子どもたちに

それへの服従を求めている関係性を意味しているのである。その教師がこのように主導力を作用させたいと思い込んでいるだけで、それが本来の（政治学的な意味での）ヘゲモニーなのかどうかについては、さらに検証が必要である。

　ヘゲモニーは、集団の中に事実現われている主導的な価値の作用である。それは、同時に力である。つまり、集団の内部・外部からの優れた指導や文化に呼応する（呼応できる）認識の合成力であり、相互に励まし勇気づけあう社会的な自立力である。ヘゲモニーは、文化的な中身を持った力動的な関係性なのである。

　それを、教師個人が体現する力であるかのように捉えて、この正当な行使を集団づくりの指導上の一貫した主題とするのは、子どもとの間の権力的な支配・被支配関係を正当化することにもつながるリスクを持っており、再考すべきである。

　すなわち、"教師個人の有するヘゲモニー"説は、まわりの実践者には共有されがたく、指導論としては広がりを持てない。教師の権威と権力をまるで教師本来の教育的な指導力であるかのように喧伝して、子どもに対する積極的な「ヘゲモニー」の発動を呼びかけるのは、結局、子どもとの関係性を教師の支配力によって統制する道を推奨しているのであって、これからの学校改革の進むべき方向を惑わせ混乱させるやり方である。教師の統制的指導力のことを「ヘゲモニー」という集団こそが所有する自治力の概念で装うべきではない。

4　学びの他者性

　ヘーゲルの「意識の経験」とは、意識がその対象から働きかけられ意識自体がみずからと対話しながら成長・発展していく過程であった。その哲学的テーマを豊かな形象で描いた一編の詩がある。以下に、その全文を引用しておく。

　学ぶ　谷川俊太郎

　　あなたは学ぶ
　　空に学ぶ
　　空はすでに答えている
　　答えることで問いかけている

わたしは学ぶ
土に学ぶ
隠された種子の息吹
はだしで踏みしめるこの星の鼓動

あなたは学ぶ
木に学ぶ
人からは学べぬものを
鳥たちけものたちとともに学ぶ

わたしは学ぶ
手で学ぶ
石をつかみ絹に触れ水に浸し火にかざし
愛する者の手を握りしめて

あなたは学ぶ
目で学ぶ
どんなに見開いても見えぬものが
閉じることで見えてくること

わたしは学ぶ
あなたから学ぶ
わたしとは違う秘められた傷の痛み
わたしと同じささやかな日々の楽しみ

わたしたちは学ぶ
本からも学ぶ
知識と情報に溺れぬ知恵
言葉を超えようとする言葉の力を

そうしてわたしたちは学ぶ
見知らぬ人の涙から学ぶ

悲しみをわかちあうことの難しさ

わたしたちは学ぶ
見知らぬ人の微笑みから学ぶ
喜びをわかちあうことの喜びを

（出典：『少年少女に希望を届ける詩集』コールサック社，2016年，18頁。原文にある
　　漢字ルビを省略した）

　この詩は，個人史の「学ぶ」営みと人類史の「学ぶ」営みとを重ねながら「学ぶ」本質を描いている。「空」「土」「木」は「わたし」を取り巻く自然であり，感覚的な対象であり，誰にも開かれた学びの源泉である。それらとの出会いが「わたし」の発見となる。マルクスが述べたように，「空」を見る自分，「土」をさわり「木」を見上げる自分を知るのである。「手」「目」は「わたし」が他者に触れ他者の中に自分を見出す学びの媒体となる。物事を対象としながら，同時に自分と対話する「即自」的な学びである。
　さらに，その「わたし」が「あなた」（他者）から学ぶ。この関係性が学びの大事な場となる。「あなた」からの学びは「わたし」に還ってくる。これを媒介にして「わたしたち」の学びが「本」の世界で広がり，「見知らぬ人」との交流やつながりで一層世界は変わっていく。「悲しみをわかちあう」こともあるが，そのなかに「喜びをわかちあう」ことも必ずある。否定の中に肯定を読む視点である。
　科学の言説は一編の詩に及ばないところがある。これは，筆者の記憶では，名古屋大学総長を務めていた頃の飯島宗一の言葉であった。上記の谷川の詩もそれを証明している。
　ここでは，これ以上，学習理論の解説を持ち出す必要はないであろう。市民としての自立にとって根幹となる学びは，谷川の詩にあるように，対象と向き合って主体のなかで感覚と知性・理性との往還が絶えず行われるものである。2017年告示の学習指導要領以来，「主体的で対話的な深い学び」が言われるようになったが，〈学びを学ぶ〉という基本精神を失って，あれこれのスキルに走ってはほとんど意味がない。ましてや，教科の平均点アップのために補充プリントやドリルで子どもたちを追い立てる指導は，子どもを学びから遠ざけることになってしまう。

ただ一点言えることは，こんにちの日本の学校で欠落しているのは，谷川の言葉を借りれば「見知らぬ人の涙」やその「微笑み」から学ぶことである。子どもなりの情動を交えた学びの回復・再生こそ，これからの学校づくりの鍵となるものである。学びと人格の関係を探求してきた坂元忠芳は，「情動と知性の洗練」は，「社会的人間関係が孕む他者性という，のっぴきならぬ矛盾のなかでのみ可能となる」と解明している（坂元，117頁）。

第3節　子どもにとって他者であること

　子どもにとって教師は〈他者〉であり，共感的にも権威的にもなりうる存在である。〈他者〉とは，人間は一人では生きていけない，必ず誰かを必要とするという通俗的な意味での周囲の人を言うわけではない。〈他者〉は，ある人にとって自己を対象化する際にこれを受け止める独自存在であり，自己形成にとって固有な意味をも有する諸個人ないしはグループである。子どもは固有の他者を意識化し，その他者との関係を生きている。それは，自己の発達の可能性を意味づけてくれる媒介的な他者を必要としている姿なのである。わたしたちは，この関係を子どもと教師の信頼と自立への「踏み台」にして次の課題へ挑んでいくことができる。指導を拒否したからと言って，直ちにその子どもが何か病理をもつわけではない。その他者がいま自分にとってどのように必要なのかが実感できれば，そしてその他者を受け入れ変わり始めている自分を実感できれば，子どもは教師を信頼していくのである。

　このことからも言えるように，子どもの発達を保障するために生活を指導することは，教師が共感的で共生的な他者としての役割を果たすことを意味する。そういう役割を果たしていくことを教えてくれているのも，実は，個々の子どもであり，子ども集団である。この意味で，子どもは教師にとって他者なのである。教師にとって「指導する・支援する」とは，共感的・共生的他者の役割を担う自己自身（子どもたちにとって必要で意味のある他者という存在）を子どもたちに差し出し，そのような他者が居ることを認知させて，子どもの安心・安全感を引き出すことである。他方，その子どもを他者として受け入れながら，教師自身も指導の意味を対象化して（外の目で捉えて）成長していく。こうした相互的な自立の関係性を踏まえることが，市民的自立の学校へ変えていくうえで基本原則だといえる。

ところで，ここまで〈関係性〉と表現したが，これは「関係」とは違う。〈関係性〉は関わり合う当事者同士が，ある意味を介して固有の関係世界をつくりだしており，この内側からその関係の変化・発展が起こるという動的過程を指している。端的に言えば，関係性は，関係の持つ個性である。

東京の小学校実践（高学年）で，暴力的なトラブルを繰り返してきた男子を班への参加などを通して仲間との関わりを学ばせ，排除されがちな状態から一緒に参加し活動していく関係へと変えていく指導を学級担任はすすめてきた。その一環で，その男子に寄り添うリーダー的な子どもを複数育てるようにした。その後，行事への取り組みや学習での共同もふかまり，クラスの関係には一定の前進が見られたが，3学期のあるとき，その男子が別の男子とトラブルでけんかになったのを見て，いつも寄り添ってきたリーダー的な子どもが止めに入ったときに，その男子は止めた彼の手をかんでしまった。ずっとその男子を見守り孤立しがちな彼を援けてくれた相手へのそのような攻撃的な行為を知って，担任教師は，その男子に「友だちの手をかむとはどういうつもりだ」と注意した。すると，その男子は，「○○は友だちなんかじゃない」と言い放ち，そのリーダー的な子どもも「おれも友だちとは思っていない」と言い返した。

その男子にとっては，このクラスでは自分は「取り組まれる」存在なのか，そうまでしないとこのクラスに居場所を持てないのか，という問いがずっとつきまとっていたのであろう。他方，リーダー的な子どもは担任の期待を理解し，自分の役割を知って行動していた。その限りでは学級内の制度的なリーダーとしてはよく行動していた。が，その男子の抱える内面の葛藤までは見ようとはしなかった。こういう状況で，先の「手をかむ」対立は発生した。

関係性とは，このように，ただ当事者たちが行動で関わりをもち対面している状態をいうのではなく，むしろその行動が持っている意味のつながり，それぞれが生きている生活文脈の交差する，その合成された意味世界を捉える概念なのである。端的には，当事者がどのような他者認識・関係認識をもっているかに着目して，個人や集団をとらえる概念なのである。関係性のポイントは，それぞれの他者認識という固有の問題を媒介にしてほとんどの出来事は発生しているし，そこに指導の鍵があるということである。この関係性をどう読み開き，当事者の相互承認・相互自立にそうようにどう変えていくかが，教育実践の中心テーマなのである。

教師の仕事は関係性の認識に始まり，関係性の再構築に還る，と言っても過言

ではない。

第4節　子どもと教師・保護者がつながる対話のちから

　学校教育の分野では1960年だから子ども集団の民主的な形成が大きなテーマとなって各地の実践と研究運動が展開してきている。その集団指導の方法である「班・核・討議づくり」は，その技術の体系によって築きだす「集団のちから」像を前提としている。筆者は，現代民主主義の見地から，いわゆる単一目的結集型のこれまでの「集団のちから」を見直し，多様な人々，幅広い層の人々が連帯して生み出す「共同のちから」が重要になっていくと考えている。

　つまり，既存組織を内部で統一がとれるように規律と集中の関係にあらしめることから生まれる〈ちから〉から，様々な「声」の主権者による市民的公共性の追究から生まれる〈ちから〉へ，という軸の移動である。同じ〈ちから〉といっても質的な差異がある。重要なのは，後者の共同的な〈ちから〉を築きだしながら，一人ひとりの子ども・保護者が安全で平和的な空間の中で自己を表現する力を正当に獲得し，多様な他者と出会い，対話を重ねながら知と学びの世界に共に挑んでいくことである。

　このような今日的集団づくりの鍵を握るのが，対話である。

　対話は，他人とではなく，また多数とでもなく，意志のかよいあう他者（この場合，単数でもあり複数でもある）とのあいだに成り立つ。その意味で，対話は，自己と他者という存在者同士の意味で，対等な関係性による情報と感情・意志の交流である。新自由主義の特徴は，この関係をも破壊して孤立化を限りなく生み出す点にある。

　「話しても無駄」「話す気になれない」「なぜ，話さなくてはいけないの？」から「話すって，何を？」という反応のフレーズに象徴されるように，子どもや若者は，他者と対話することに対しては無力さを感じている。

　でも，子どもはあれほどふざけ合い，うるさいほどしゃべっているではないか。

　おしゃべりはしている。しかし，それは対話にはなっていない。一緒の仲間と交わす記号としては互いに音声を発し受け止めているけれども，それはその意味を聴き取り，差異を確かめ，共有できるものをつかみ取る〈つながり〉ではない。

　つまり，対話とは，対立もありぶつかりもあるが，それを超えて意味や価値

を共有していく相互的発話なのである。この対話の関係性自体が，暴力を持ち込まない平和の思想を内側に含み持っている。

上述の他者の問題で言えば，対話は，他者との回路があって初めて成立する平和的行為なのである。他者への働きかけ，他者からの働きかけのどちらも同じ比重と価値の重みを持って要求される出会いと交流。それが対話なのである。

だから，対話は，他者という相手をお互いが自己の中に抱え込みながら，しかし自分とは異なる者として対象化していく関係性である。エッシャーの「描いている手と手」の絵をご存じだろうか。右手が左手を描き，その右手を（描かれているほうの）左手が描いている。自己と非自己である他者との関係もこの絵のように，分離はしているがつながっているのである。比喩的には，他者は自己によって描かれ，その自己が実は（自己の描く）他者によって描かれている。

この点では，保護者は，子どもを一人の人格主体と認めることで，子どもとの関係を社会に開いていくように導くことができる。自分に抱え込むだけの"愛"では，子どもの自立を妨げてしまう。

新自由主義の破壊力はこの回路を断ち切り，「自己と非自己とは別物だ」「あいつはあいつ，わたしはわたし」「あいつがつまずくのはあいつの責任だ」というように，関係性を拒否して生きよ，というメッセージを伝播する社会作用である。

それに押されて新自由主義的個人の孤立が膨らめば，他者は排され，その関係性の芽もみずからつぶされ，そのうえで子どもたちは自己という存在に「責任」があると言い聞かせて行動していくことになる。自己が対話するはずの非自己をしりぞけたゆえに，自己を描いてくれる非自己も現れない。そのときの「自己」責任とはいったい何なのか。その「自己」というのは確かに存在するのだろうか。

すでに，幼児期から新自由主義の生活感覚（格差への順応感覚）に親子共々どっぷりとつかって育ってきた子どもたちの中に，まさに「自己」をもたないとしか表わしようのない，どこまでいってもその「自我」と向き合えない子どもたちが登場してきているのではないだろうか。そして，その子どもたちの引き起こす攻撃性・暴力性は，従来から言われている「荒れ」の言葉ではつかみきれないものを持っているのではないだろうか。

そのような子どもたちが他者に出会い，対話の世界に参加し，そこから活動への意欲と見通しをもちはじめて動き出す集団。ここを基本的な集団形成の段

第IV章　市民的自立の学校と教師・保護者　**95**

階としてくぐらないことには，集団づくりは発展しない。その実践的・理論的な方法枠組みの鍵が，対話なのである。

　その対話は，いま失われかけている関係性を立て直し何事かをうみだす活動の資源でもある。それは「討議づくり」のように，集団の議決に収斂していくことを目的とするものではない。むしろ対話は，① 集団という，その社会的関係性を成立させる成員みずからの必須の〈つながり〉の立ち上げ，② 自己・他者認識の成立，そして③ 対等な者による相互承認という市民的自立の基礎，のために行なわれる。

　これを基盤にして初めて，狭義の討議が成り立つのである。また，この視点に立つ限りは，関係論的集団づくりが適応主義の集団指導に変容していくことはない。

ま　と　め

　本章の前半で述べたように，学校・子ども・教師に関わる最近の政策によって構造的な抑圧が学校教育を覆ってきていることは，事実である。教師は，この状況の渦中にあって，それゆえに生じる矛盾を内側にはらみながら子どもたちの自立と人格発達を保障するために，個人および集団に多様に働きかける努力を重ねている。この教育目的と方法を一貫させ平和的な関係性を基本にした学習活動，自治的活動・文化活動を発展させる市民的自立の教育実践，それが広義の学校づくりである。

　すなわち，それは，多様な個性を持つ子どもたちが，相互の承認という他者認識を身に付けながら，「やる気」をもって活動に参加し，さしあたり合意できる目的の下に共に実践していく過程で，個々人が他者の意味を学び，共同の問題解決力を創りだしていく営みである。

　そのために，日常の実践のレベルでは，たとえば ①「つながり」の拠点となる小集団形成，② 他者を知り他者との合意形成をきずくための対話，意志決定のための討論・討議，そして ③ 自分たちの問題を共有するために行動できる多様なリーダーの登場，という３つの側面があげられるが，これらは依然として今後の指導過程にとって追究すべき課題である。この指導過程は子どもたちの学びをどう構築していくかという次元でも，その行動の基底に位置づく問題として働く。その場合，本章でも繰り返しみてきた関係性の視点を貫くようにす

ることが大事である。このような実践的・臨床的な開拓と，前半で考察したマクロな社会分析とを緊密につなげながら，市民的自立の学校創造という改革課題を果敢に追究していくことを提起して小論を締めくくりたい。

参考文献

ジェラード・デランティ（2004）『グローバル時代のシティズンシップ　新しい社会理論の地平』佐藤康行訳，日本経済評論社。

ジェラード・デランティ（2006）『コミュニティ——グローバル化と社会理論の変容』山之内靖他訳，NTT 出版。

子安潤他（2004）『学校と教室のポリティクス　新民主主義教育論』フォーラム・A.

黒沢惟昭（2007）『現代に生きるグラムシ　市民的ヘゲモニーの思想と現実』大月書店。

中村浩爾（2005）『民主主義の深化と市民社会　現代日本の民主主義的考察』文理閣。

日本子ども家庭総合研究所『日本子ども資料年鑑 2007』KTC 中央出版。

折出健二（1972）「ウシンスキーの教育学」広島大学教育専攻科修了論文。

折出健二（2003）『市民社会の教育　関係性と方法』創風社。

折出健二（2007）『人間的自立の教育実践学』創風社。

折出健二（2007）「教育における依存的自立　自己と他者の弁証法」『唯物論研究年誌』第 12 号，青木書店。

坂元忠芳（2000）『情動と感情の教育学』大月書店。

友寄英隆（2006）『「新自由主義」とは何か』新日本出版社。

シティズンシップ研究会編（2006）『シティズンシップの教育学』晃羊書房。

第Ⅴ章　いじめの問題史と克服のための課題
——教育方法論の立場から——

第1節　いじめ問題の動向とその論点

1　戦後初期の子どもの貧困のなかで

　戦後の6・3制のもとで民主的で開かれた学校生活がスタートしたとはいえ，食料・物資の貧困，旧い教育体質の残滓などによって，子どもたちは様々な抑圧や疎外を受けた。1948年4月1日付の報道記事によると「家を捨てる子」が街にあふれ，家出の原因のトップは「食料に基づく家庭のイザコザ」だという。ある14歳男子の証言では「父の戦死で母の実家に引き取られたがこゝでは『食いツブシ』といじめられ『出て行け』といわれた」（宮原，1974，401頁）。

　これは貧困者への「いじめ」を象徴する事例である（実体は「子ども虐待」である）。弱い立場にあるか不利な状況にある者を抑圧したり排除したりする攻撃性が，「いじめ」の原型だからである。上記は窮乏状況下での古典的で特異な例だが，それから70年経った今，同世代の者同士が相対的な弱者に対して，「死ね」「消えろ」等と攻撃して抑圧し排除する。この関係性と構図の現実をわたしたちは，真摯に受け止めなくてはならない。

2　1960年代の学級集団づくりといじめ問題の解決

　全国生活指導研究協議会（全生研）は，1959年に結成されて以来，子どもの生活と子どもたちによる自治的・文化的活動および学習をとおして発達・人格形成にリアルに向き合ってきた民間教育研究団体である。全生研は，「学級集団づくり」をはじめとして子ども集団の自治の指導ならびに文化的発達の援助をはじめとする民主主義的な学校づくりの実際的な探究で知られているが，同時に全生研は，子どもたちの非行・問題行動（いじめを含む。）の考察とその解決のための実践的指針の提起でもすぐれた実績を重ねてきている。

　この初代常任委員会代表を務めた宮坂哲文は，1960年代に，当時の小学校の学級集団づくりについて分析をしたなかで「いじめ」に言及していた。それに

よると，小学校2年生3学期に「女子をいじめたある男の子にたいして男子全員が徹底的な批判を加え，その子が涙を流してあやまる」こととなった。その子どもたちがそのまま3年生になったとき，注意されると怒ってすぐたたいたり，女子を追いかけて殴ったりする男子の対策について学級全員が話し合い，「仲間はずれにすれば，Sさん（引用者注：その男子のこと）もきっと心のなかで悪いということがわかるかもしれない」との提案があり，賛成多数で決まった。ただし，この方法は「Sをいじめるためではなく，Sをなおすためだ」と確認しあった。決まったことは「遊び仲間から一時的にはずす」ことだった。教師は，Sを呼んでは声をかけてやり，学級の子どもたちにはSのよい面を見つけては，そのたびに話した。1ヵ月たって，Sの変化の事実がたびたび学級会に報告され，Sへの「なかまはずし」は解かれた。その後，Sのようなやや軽い存在の子だけではなく，他にも自分勝手な行動をした子，暴力をふるう子，学級の中で腕力が一番強い子も同じ手続きで「なかまなはずし」にしたという。

この一連の実践に対して，宮坂は，「この過程は，集団の民主的秩序の破壊者をつぎつぎとなかまはずしの対象とすることによって，学級集団がしだいにみずからの権威を確立していった過程にほかならない」と，評価している（宮坂，1975，179〜180頁）。また，宮坂は，その同じ学校の実態に触れて，山間部の登下校では上級生から下級生への「いじめ」があるが，4年生ともなれば，「まっすぐなするどい正義感を学級集団的な規模においてはっきりと打ち出す」として，それができるのは，「ひとつひとつの具体的な問題事態にぶつかり，事実のリアルな観察と集団の力によるたしかめあい（点検）とのなかで」子どもたちの正義感が育てられているからであるという（同前）。

『宮坂哲文著作集』第Ⅰ，Ⅱ巻を見る限り，実践の考察や学級集団の高まりの記述で「いじめ」をとりあげてはいるものの，取り立てて「いじめ」の構図の考察やその克服論を展開しているわけではない。60年代の当時は，校内暴力や「荒れ」の状況が著しく，「いじめ」問題もその対策と実践過程でのりこえられていく性質の集団的現象と見られていたからであろう。

宮坂と同じく全生研に草創期から参加してきた城丸章夫は，子どもが「認識上の概括」を「生活実践」との関わりで修正・補充していく認識発達を述べた。そのなかで，例えば1年生は1年生なりに「学校は勉強するところだ」「あの子はいじめっこだ」と概括している，と述べた。そして，このような「生活現実の認識に対する概括」は「教科的知識で覆いきれるものではな」く，「生活を構

成している諸要素」の「法則的認識と要求あるいは当為との結合という独自な概括をとる」と述べた（城丸，1992 年，63 〜 64 頁）。

　ここで「いじめっこ」が，子どもが自分の生活認識を話すさいの有効な概念として取り上げられていることに注意すると共に，子どもの概括的認識そのものの発展を問うていることが大事である。

　生活の中で，子ども自身が「どういう行動をする子が『いじめっこ』なのか」を経験的にわかっているからそれを概括的認識にまでもっていけること，また子ども自身がその認識を作り上げていく主体であることを城丸は述べた。と同時に，いじめ問題を解決する実践的な主体は子ども達自身であることも，城丸は提起していたのである。

　先の宮坂と生活指導概念をめぐって論争した小川太郎は，1952 年に金子書房から我が国の子ども研究の原点ともいうべき『日本の子ども』を刊行した。同書で小川は，戦後間もない当時の日本が資本主義的な階級分化を発展させ，封建的な価値観の残存を前にして，もともと発達における二重の矛盾（社会と自己の要求の矛盾と，自己の発達課題と自己との矛盾）を抱える子どもが，生活の諸領域でどのような現実に直面しているかをまとめた。それによると，場面によっては「いじめ・いじめられ」の関係が取り立てて問題にされてもいいはずなのに，「子ども仲間の分裂」あるいは「差別」の問題として小川は叙述している。

　当時は進学する者の方が少なく，かれらは進学しない者によって「いじめられた」，という記述は同書にあっても，いわゆる「いじめ」問題として理論的な考察をしている箇所には出会わない。部落問題を述べている文脈でもそうである。これは意外のようだが，小川太郎にしても，当時，「いじめ」事象は理論的分析の射程の外にあったのである。未開放部落の子どもたちの被差別による苦悩や葛藤には詳しく視線を向けている小川が，なぜ「いじめ」問題を浮き彫りにしなかったのか。小川にとって，そのこと以上に，子どもの貧困と差別，排除，低学力，将来見通しの危うさが大きな問題であったと解すべきであろう。

3　「下からの忠誠競争」と「いじめ」の関係

　全生研は，第 22 回全国大会（1980 年）基調提案「現代の子どもの人格発達と教師の課題を問う」（文責　大畑佳司）において，はじめてまとまった形で「いじめっ子，いじめられっ子」問題を取り上げた（全生研，1983，150 頁以下）。

これを受けて第23回大会基調提案「今こそ，学校と地域を通して社会的正義を追求する子どもを育てよう」（文責　竹内常一）では，「教育政策の80年代戦略」は「新能力主義」（「忠誠心の教育と管理」を特徴とする教育政策。引用者）と「徹底した管理主義」にあるとして，このような「上から」の「忠誠競争と差別・迫害の体系」は，子ども・青年たちによって「下からも」つくられ，それは「校内暴力」として現れているとした。この構図では，子ども・青年の「自他に対する攻撃的，破壊的傾向」が「いじめ・いじめられ関係の増幅」にもつながっているとした。同基調提案によると，「校内暴力」の構図と背景の分析に力を注ぐのは，そこには子ども・青年による「能力主義・管理主義に対するファシズム的批判の先取り」があり，自他への攻撃性・破壊性を「思想的に武装」しようとするかれらの力依存を克服することが，「教育のファシズム化」に立ち向かうカギだからである（同前，170～178頁）。

4　「いじめ」の両義性

　竹内は，「いじめ」と「迫害」の関係に対しては早くから慎重な姿勢を取って「いじめの両義性」を説いてきた。すなわち，①「迫害」と「いじめ」と「冗談関係」を区別すること，②そうしないで「いじめ」で一括りにすることには反対で，「交わり関係，冗談関係に発展していく可能性をもっているいじめ」のすべてが弾圧されてはならない，とした。このことは，竹内の次の考察からうかがえる。

　　「幼年期から少年期の前期のいじめは，一般に弱いものいじめといわれますが，そこには，『いじめる』ことと『かまうこと』，攻撃欲求と愛情欲求とが微妙にいりまじっているものです。その意味では，いじめは両義的なものです。かれらは友だちをいじめながらも，しかしそれをつうじて友だちにかまってもらいたがっているのです。この愛情欲求という側面を無視すると，かれらはさらにいじめを繰り返していくことになるのです」（竹内，1995，247頁）。

　そのうえで，当時の東京中野区富士見空学校の「鹿川君事件」に言及し，「いじめが迫害的傾向を強くもつ」半面，いじめのもつ可能性である「友情」へと開かれていかない，と指摘した。それは，なぜか。竹内は，同じ論考の後半で，70年代以降の能力主義と忠誠競争について考察し，その強化と支配のもとで教育家族も学校の支配にとらわれた「過期待・過干渉」の構図に変わり，「学校適

応過剰」の子どもたちが現れてきたことを述べた。そして，このような能力主義・管理主義の徹底のもとで，「そのなかに囚われている不安から逃れようとして，子どもたちは自他をはてしなく傷つけあうようないじめ・迫害的な状況をつくりだす」（同前，273頁）と分析した。

こんにちの市場ルール優先の市場主義社会においても，当時とは異なる質を伴って「自他をはてしなく傷つけあうようないじめ・迫害的な状況」が依然として起きている。「いじめ」と自他の攻撃性の関係は依然として重要である。

第2節　教育方法研究の中のいじめ問題

1　いじめ認識の現象論

（1）1980年代半ばの状況と論点

「いじめ」というテーマは，教育実践とその研究にとってどういう位置にあったのか。すでに述べたように，80年代前半ごろまでは，「いじめ」は研究者の論考の中には出てくるが，必ずしも概念化されておらず，明確な考察対象にはなっていない。「いじめ」問題が研究的・実践的考察の対象として挙がるのは，80年代半ば以降である。筆者も会員である日本教育方法学会の経過でいえば，『教育方法15　実践にとって教授学とは何か』（明治図書，1986年）において，「子どもの人間的自立と教育実践・研究の課題〜『いじめ』『登校拒否』等の問題と教育方法」の章を設け，浅野誠，乾彰夫，島田啓二の3氏が執筆した（同書，104〜144頁）。

浅野は，「人間的自立」の概念を掘り下げて「発達の軸」と「歴史的社会的な軸」から考察し，「いじめ」問題は幼児期・少年期・思春期の課題の残存と関わることにふれながら，「いじめ」を「正義の原理」に基づいて「配慮援助，批判追求へ発展転化させる」ことの重要性を述べた。乾は，当時発表された文部省調査や深谷和子らによる調査結果を分析しながら，「集団いじめ」が少年期半ば（小学校中学年）で顕著となり，思春期入り口の小学校高学年でピークに達して，中学校では「非行的性格」を帯びながらエスカレートして，「多数の傍観者たちの消極的肯定を含んだ『いじめ構造』を形造る」とした。島田は，「いじめ」克服の視点から学級指導に着目し，自らクラスを参観した事例（生徒のノートの記述を詳細に考察）を分析しながら，生活指導的な課題を述べた。

教育現場の声としては，「いじめ」問題が大きく社会に取り上げられるようになった80年代半ばのことを，東京都内の公立中学校教諭・佐藤博が次のように述べた。「全員集会でわずかに下を向いた子ども（正座の膝を直すためだった）を鼓膜が破れるほど殴りつけることがどんなにまちがいであり，犯罪に近いかを。教師の言いつけを100パーセント守る子どもが唯一正常だというのか？それはむしろ奴隷に近い（後略）」（佐藤，1995，20～21頁）。

佐藤によれば，これは「1985年の私の日記の一部」だという。それは修学旅行先で生じたイタズラ行為に端を発して全員を集めた場での「指導」の光景を綴っていた。佐藤は，あえてこの日記の一文を引用し，自分もその「体罰」現場に一教員として参加していたことの悔恨を苦渋の思いで述べた。当時，学校は秩序維持を最大の目的として，「またあのように荒れてもいいのか」という「蟻の一穴主義」で，体罰と管理で子どもたちを押さえつける風潮が日常化したと述べている。そして，このようなやり方によって「子どもたちの内面に何が育っていったか」と問うて，こう答えている。

　「1つには，言葉や説得にはなかなか反応せず，罰や威嚇には即反応するというタイプの子が増えたことである。（中略）そして，子どもはやがて自分が扱われたように他者を扱うようになる。いじめをはじめ，迫害的な傾向を持った子どもが増えてきたのもこの頃からだったように思う。子どもたちの内面に蓄積しはじめたとらえどころのない絶望感や自他に向けられた攻撃性が，わたしたちの行っていた教育活動と無関係とは思えないのである」（同前，22～23頁）。

教育現場の当事者である佐藤の言葉は，自分の一身上の問題にまで受け止めた提起であり，しかも管理優先の学校の問題状況を突いている。学校の管理主義・競争主義の体質，子ども達に向けられる教師からの抑圧と暴力，その日常化が子どもたちの間に「いじめ」を引き起こす。依然として，ここに，問題発生をとらえる際の原点がある。

（2）1990年代以後のいじめ問題の追究

日本教育方法学会が「いじめ」問題をより明瞭に研究的議論の対象に据えるのは，『教育方法26　新しい学校像と教育改革』（明治図書，1997年）における「『い

第Ⅴ章　いじめの問題史と克服のための課題　**103**

じめ』問題に教育方法学はどう取り組むのか」であった（第32回大会のシンポジウムで「いじめ」問題を学会誌に反映させたもの）。執筆は，浅野誠，麻生信子，桂正孝の3氏である。

86年学会誌の同論考（前出）は，「集団的いじめ」の象徴的事件であった「鹿川君事件」などの「いじめ」問題の顕在化を受けてのことであり，10年後の97年の同論考は，94年に愛知県で起きた中学2年男子の「いじめ・自死事件」（通称「大河内君事件」）などの「いじめ」問題の深刻化を受けてのことである。なぜ，教育方法学がこの問題を急に大きく取り上げたのか。逆に言えば，この10年間，なぜ，これほどに「いじめ」は正面から取り上げられて来なかったのか。

その答えを桂正孝の次の叙述が示唆している。

「戦後教育方法学の成果であった生活綴方教育や生活指導は，前提としていた伝統的な生活様式や子ども像が，著しく変貌を遂げ，従前の実践のままでは有効性をかなり減じたことは否定できない。これは，肝心の子どもたちが消費者になり，情報化に伴って人間関係が希薄化し，〈子ども時代〉を喪失してしまったからである。高度成長以降，とりわけ1980年ごろ以降に生育した子どもたちは，1960年代に結晶した戦後教育学の射程外に大きくはみ出してしまったのである」（桂，同書，42～43頁）

しかし，問題は子どものせいだけではない。学問研究が，そうした子どもたちの急速な変貌を「射程」にとらえるほどに，柔軟で，自由闊達な，生活問題に深く接近する学問的方法を開発してきたのか，という問いと裏腹ではなかろうか。

他方，「いじめ」問題は，同学会誌の浅野誠論文が言うように，「子ども社会」で生起する問題であり，「いじめを克服する当事者は子どもたち自身である」という視座の提起も，納得のいくものとして受け止められてきた。しかし，それを掘り下げて，なぜ「子ども社会」で「いじめ」が起きるのか，を今もなお追究しなければならない。

教育方法学会として，三たび，「いじめ」問題を取り上げたのは，同学会主催の第17回研究集会「いじめ問題にどう取り組むか～教育方法学からのアプローチ～」（2013年6月22日，京都大学文学部新館）においてであった。この背景には，2011年10月11日に大津市の中学2年生が飛び降り自死した「いじめ」

事件があり，これに対する学校及び教育委員会の対応を批判する社会的論議が起こり，同市の第三者委員会が設置され，その調査報告が公表されたことがあった。

　その研究集会では，上記の第三者委員会委員であった松浦義満が詳細な経過報告と問題の構図を述べた。元中学校教諭の宮下聡は，「いじめ解決」を学びとすることなどの教育現場の取り組みを報告した。いずれも，前述の佐藤の提起を受け止めた，子どもの声に寄り添った「いじめ」克服の方向をより具体的に示していた。筆者も，「大河内君事件」の調査など踏まえて，研究者自身が当事者の目線で「いじめ」問題をとらえることの重要性を述べた。

　近年，「ゼロトレランス方式」の生徒指導が全国的に行われているとき，前述の佐藤が見てきた子どもたちへの抑圧が再来してはいないか。学校秩序のためのルールに適応できない者は，「蟻の一穴主義」（前述，佐藤）で封じ込めるよりも，先に排除する・外に出すというやり方が，子どもの思いを屈折させ，ますます陰湿な「いじめ」につながっていかないか。そこは引き続き，注視すべき点である（折出，2016）。

　これまでの議論を整理しておこう。問題史的な系譜で見ると，次の諸点が提起された。

①「いじめ」には両義性があり，交わりに発展しうる要素もあり，「いじめ」で一括りにして弾圧するのは，問題である（竹内）。この点で「正義の原理」から「いじめ」への介入や指導が必要で，これがないと，少年期から思春期にかけて攻撃性がエスカレートして「非行的性格」（乾）を帯びて，傍観者層を含む「いじめ」構造が造られた。

② 90年代の動向を見ると，教育方法学の射程外にはみだすほどに，子どもたちの変貌はすすみ，その人間関係が希薄化していた（桂）。

③ 学校が「管理と競争」によって子どもたちを力で押さえ込んだ時期と，子どもたちの「いじめ」発現とはほぼ重なっていた（佐藤）。

④「いじめ」は子どもたちの社会で起きている問題であり，「いじめ」という概括的認識は子どもがこの社会的問題と向き合う主体であることを示す（浅野，城丸）。

2 文部行政におけるいじめ定義の変遷

国のレベルではいじめ問題をどのようにとらえてきたかを簡潔にたどっておきたい。

① 文部省（当時）は，1980年代以降，いじめの定義を次のようにしてきた。「自分よりも弱いものに対して一方的に，心理的・身体的な攻撃を継続的に加え，相手が深刻な苦痛を感じているものであって，学校としてその事実を確認しているもの。なお，起こった場所は学校の内外を問わないものとする」。定義から「自分」と「相手」の関係で「いじめ」を捉えていることがわかる。その一方で，なぜ「自分」はいじめに走るのかの子ども分析を全くといってよいほど行政は行ってこなかった。ここにも，いじめを延長させた一因があった。

② 1994年に愛知県西尾市で起きた「大河内清輝君事件」を契機に，上記の定義から「学校としてその事実を確認しているもの」を削除した。被害生徒が金銭持ち出しを強要されたり，川におぼれさせられるなどの暴力を受けたことの多くが学校外で行われていたからであった。

この修正後の定義に基づいて行われた調査によると，小・中・高・特殊教育学校の総発生件数では1995年で6万96件であったのが，2000年には3万918件，2005年には2万143件と減少してきた（文部科学省初等中等教育局調べ）。統計上はそうであるが，子どもたちの社会では，教師や親に知られない世界で，依然としていじめは続いていた。それは学年別に見ると，中1，中2に集中していた。また高校生の間でもいじめ問題は関係性の崩れを表す事象として見逃せない。文部科学省の2005年度調査では，高1が1355件，高2が633件，高3が203件と，圧倒的に高1に集中して起きている。

2006年には，北海道滝川市，岐阜県瑞浪市，福岡県北九州市などで子どもの「いじめ自殺」あるいは金銭の「たかり」の事件が発生した。いずれの事件においても，当該生徒の保護者が事実の調査を申し入れたのに対して学校側の対応の遅れ等が問われた。当時，それぞれの教育委員会への統計上の報告では学校は「いじめゼロ」としていたことも市民からの反発と不信を強める結果となった。メディアの取材に対して学校長が「広いいじめ」と「狭いいじめ」と分けてみたり，「いじめ」のエスカレートした「たかり」（恐喝）を「金銭トラブル」としてみたり，学校側のいじめ認識のあいまいさ，一般の理解からのズレが目立った。

その背景には，①「いじめとは何か」を教師集団で丁寧に検証することがや

られてきていなかったこと，②文部科学省が統計調査のために用いた「いじめ」の操作的定義が行政の公式見解としてまかり通り，教育現場もこれに縛られていること，さらに③いじめ発生は学校側の「汚点」のように見てしまう管理職者層の組織的体質の問題もあった。2006年に相次いで起きた「いじめ自殺」を契機に文部科学省は翌年1月には，上述のこれまでの定義のうち，「一方的」「継続的に加え」「深刻な」を削除し，広く次のように定義した。「当該児童生徒が，一定の人間関係のある者から，心理的・物理的な攻撃を受けたことにより，精神的な苦痛を感じているもの」。

2011年10月に，滋賀県大津市内中学校の2年男子がいじめで自殺する事件が起きた（大津市中2いじめ自殺事件）。この事件においても，学校及び教育委員会の対応に事件の背景要因を隠ぺいすると疑われる事象が見られ，これが大きく報道されて社会的な問題となった。これを契機に，我が国では初めて「いじめ防止対策推進法」（6つの章と附則からなる。）が定められるに至った。その経緯を少し詳しく見ておきたい。

2013年5月に6党（自民，公明，民主，維新，みんな，生活）の共同提出で第183回国会（定会）に上程され，6月19日に衆議院文部科学委員会で，同年6月20日に参議院文教科学委員会で審議された。衆議院では，「7つの附帯決議」の動議があり，これも含めて可決成立した。参議院では，衆議院の委員会審議とは異なる内容の8点からなる附帯決議が全会一致で委員会決議とされた。同法は6月28日に国会で成立し，3ヵ月後の9月28日をもって施行された。

衆議院文部科学委員会での論議を振り返ると，以下の2つの条文をめぐって対立があった。

第25条（校長及び教員による懲戒）
「校長及び教員は，当該学校に在籍する児童等がいじめを行っている場合であって教育上必要があると認めるときは，学校教育法第11条の規定に基づき，適切に，当該児童等に対して懲戒を加えるものとする」
第26条（出席停止制度の適切な運用等）
「市町村の教育委員会は，いじめを行った児童等の保護者に対して学校教育法第305条第1項（略：引用者）の規定に基づき当該児童等の出席停止を命ずる等，いじめを受けた児童等その他の児童等が安心して教育を受けられるようにするために必要な措置を速やかに講ずるものとする」

第Ⅴ章　いじめの問題史と克服のための課題　**107**

　同法案に反対の議員からは，「この点は『厳罰化』ではないか，学校教育法の規定をわざわざ盛り込む必要はないではないか。平成23年度の文科省調査でもいじめ問題での出席停止はなかったではないか。懲戒や出席停止は子どもと先生の信頼関係を壊すことになるのではないか」という主旨の指摘あるいは懸念が出された。これに対して法案提出者側は，懲戒や出席停止が目的ではなく，学校教育法が予定しているものについて校長及び教員はしっかり対応して欲しいという「メッセージを出している」のだ，と答えた（当時の第183回国会「衆議院文部科学委員会議録第7号」より要約して引用した）。

　また，その第4条では「児童等は，いじめを行ってはならない」とされた。反対の議員は，① いじめはどの学校にも起こりえる，② それを，法律でいじめをやると法律違反だと命令して禁止するのは，意味がない，と主張した。これに対して，提出者側の議員は，① この第4条は訓示規定である，② 人格未成熟な子どもに，一定の，これはしてはいけないことだと明示するのは何ら問題がない，と反論した。

　これらの他にも国会審議は道徳教育をめぐる問題など多岐にわたって行われた。「いじめ防止」が後の「道徳の教科化」問題ともつながる要因を含んでいたことがこのことからもうかがえる。最終的には，国会会期の押し迫った本会議で可決成立した。同法はすでに2013年9月から施行されたが，この法律によっていじめ問題が政治化された面も否めない。筆者の見方としては，この推進法を政治的文脈だけで解読するのではなく，子どもの人権擁護，発達保障と教育実践の関係をどう望ましい方向に立て直すか，また市民によるいじめ被害救済の自主活動の支援にどう活用できるか，という観点からも解読し，しかもその成果を科学的に提示することに努めなくてはならない。

　今日では，同法第2条いう「いじめの定義」が文部行政においても公式のいじめの捉え方になっている。いじめは，「児童生徒に対して，当該児童生徒が在籍する学校（小学校，中学校，高等学校，中等教育学校及び特別支援学校）に在籍している等当該児童生徒と一定の人的関係にある他の児童生徒が行う心理的又は物理的な影響を与える行為（インターネットを通じて行われるものを含む）であって，当該行為の対象となった児童生徒が心身の苦痛を感じているもの」をいう。

　この法律に関して，両院の附帯決議ではその第1番目で，衆参両院共に同じ内容をあげていたことが，今後も十分に配慮されるべきである。「いじめには多

様な態様があることに鑑み，本法の対象となるいじめに該当するか否かを判断するに当たり，「心身の苦痛を感じているもの」との要件が限定して解釈されることのないよう努めること」（第183回国会「参議院文教科学委員会会議録第8号」）。これは，文科省の新しい「いじめ」定義にも関わりがある。従来の定義よりはいじめ被害者に寄り添ったものに変えられた際に，今度は逆に当人の「心身の苦痛」の有無がいじめかそうでないかの判断基準となって，当人に加えられる（客観的な）暴力的な状況や攻撃の形態などが，当人の応答いかんでは，「いじめ」ではなく「ケンカ」と見られてしまう事実を念頭に置いた附帯決議である。

第3節　いじめ問題をとらえるパラダイム転換

1　教育方法論から見る課題

　「いじめ」事件が報道された後やメディアで社会問題に取り上げられた後に，その事案の背景にあるものを探るという検証型の構えで，「いじめとは何か」の議論を重ねることが多かったことは否めない。果たして，教育実践探究の在り方として，「いじめ」問題の解決に向けて，具体的な提言あるいは方策とまではいかなくても，いじめの予防につながる子どもと教師子ども同士の関係性をどのように構築していくか。教師自身の権威性や権力性にも「いじめ」発生の一要因があるとされることに対しては，教授方法論・指導論の専門的見地から明瞭な提言を出してもいいのではないか。

　この課題には複数の次元があり，いま整理すると，次の三次元がある。

① 教授学や生活指導分野の研究成果を学校教育，教師の指導方法論等に積極的に還元し，一人ひとりが居場所と手ごたえのある授業と学びを創造することが，「いじめ」発生の関係性を組み替え減少させる道であること，

②「道徳の特別教科化」や「ゼロトレランス方式」など，子どもたちの規律適応や個別の内省に直接迫る教育方法が前面に出ている情勢で，真に子どもたちを開放し，情緒的な許容のある関係性（宮坂哲文）も生かしながら自治的・文化的活動主体に育てる道筋を解明すること，

③「いじめ」の学術的な定義づけからその構図の分析，日々の指導と援助の技術に至るまでの総合的な「いじめ」対策の追究を今後も続けること，

第Ⅴ章　いじめの問題史と克服のための課題　　**109**

である。

　ここで，「いじめ」問題のアプローチを前に進めるために，整理しておこう。文部科学省が行った 2016 年度の全国調査の結果によると，「いじめ」の実態としては，小中学校共に「冷やかしやからかい，悪口や脅し文句，嫌なことを言われる」が 60％以上を占め（小学校　61.7，中学校 65.7），次に「軽くぶつかられたり，遊ぶふりをして叩かれたり，蹴られたりする」が多く（小学校 24.0％，中学校 15.3％），さらに「仲間はずれ，集団による無視をされる」（同じく 15.6％，14.3％）となっている。

　このように，言葉によるいじめを主とする「いじめ」の初期形態が多数を占めている。背景には，前述の法律で「いじめ」が禁止されたのを子どもたちは知っており，目立つ身体的攻撃は意識して避けていることもある（報告者自身の経験では，いじめ事案の第三者委員会の聴き取りで加害児童からそのような趣旨の発言があった）。

　この実態から見えてくるいじめ問題へのアプローチとしては以下のことが基本となる。

① 「冷やかし・からかい」等の初期のいじめには，自分の気持ちや意思を相手にどう伝え，相手にどのようにしてほしいのかを気分だけで行動している面が強い。よって，ここから「つながる」「一緒に」という基本的な関係性自体を学びの問題として立ちあげること，その際，日本国憲法 13 条の個の尊厳（「すべて国民は，個人として尊重される」）をどう子どもたちの次元で，他者認識として具体的に育てるかが重要な実践の課題となっている。
② 子ども集団の自治的な発展を援助する見地からは，少年期の「いじめ」が含む「からかい」などの「冗談関係」（竹内）を「入口」として，仲間関係に入っていくための指導的側面をどう対象化して，方法のレベルで活かせるか。対話の指導のテーマを中心にした実践例を解析することが重要となるであろう。
③ 異質に映る相手を標的にして相手を孤立させ，無力化させて，反抗ができないのを察知しながらますます攻撃行為をエスカレートさせていく。いじめる側に，自分が支配する力を感覚的に楽しむ面がある。それは，加害の本人が力でねじ伏せられたり，「上から」馬鹿にされたりした体験をもって

いることがあるからである。追い詰めるタイプの「いじめ」に伴う，加害の子どもの被害体験をつかむ，という弁証法的な介入のポイントを探ることが必要である。

2　内閉的アザーリングとしての「いじめ」

「ぼくは，別にみんな悪いとは思っていない。だってみんなやんないと生き残れないからです」。いじめられた子ども（小４）が教室のみんなを前に，振り絞って発した言葉だった（原田，2013，52頁）。「いじめは生きづらさの表出」であるとともに「生き残るために必要な手段」になっていることを，いじめ被害の当事者が感じ取っている（楠，同前，56頁）。

いじめを受ける苦しみ・辛さの中にあっても，子どもたちは他者を見失うまいとして，「いじめる者もいじめてないと生き残れない」と，いじめ行為の中にも，そうせずにはおれない学級集団メンバーたちの，他者であることの意味を認識しようとしている。

1994年に愛知県で起きた「いじめ・自死事件」（通称「大河内君事件」）でも，彼の長い遺書は，自分を責めて加害者たちをかばう一面があった。例えば，矢作川でおぼれさせられるような恐怖を体験したにも拘わらず，「でも，僕がことわっていればこんなことには，ならなかったんだよね。スミマセン。もっと生きたかったけど……」と書き，「僕からお金をとっていた人たちを責めないでください。僕が素直に差し出してしまったからいけないのです」とも書いた。彼はグループとつながろうとしていた。まったく切り離されると，孤独ないじめられっ子になり下がるだけだからだ。「だってみんなやんないと生き残れないから」と，自分も彼らとつながっている一員だと言いたい先の児童と似ている。

「いじめ」の問題は，現実を生きている子どもたちの，自己と他者のアザーリング的な世界の中で加害を受け入れようとする矛盾した関係性を含んでいる。その内閉的アザーリングを的確に読み取れないと，いじめの指導と対応の方向性を見誤ることさえ起こる。教師の「いじめ」指導がいじめ被害者からも加害者からも反発を受け，浮いてしまうのはそのためである。前述の佐藤の言葉通り，「子どもはやがて自分が扱われたように他者を扱うようになる」。だから，自分が信頼され，少し努力すればできるような見通しを与えられ，その達成を共に喜んでくれる他者が立ち上がる（竹内常一）ならば，本人は他者（学級の仲間）に自分が扱われたように接していくことができる。ここに，いじめ克服に生か

せる教育方法の真髄があるのではないだろうか。

3　いじめ問題の克服にどのように向き合うか

　以上の考察の総括として，現時点で筆者が考える「いじめ」問題へのアプローチの質的転換の方向性を，以下の4点にまとめておきたい。

①「いじめ」問題にアプローチする研究者の立ち位置

　秋田喜代美は「学校教育における『臨床研究』を問い直す」の論考において，「いじめ」等の問題に「臨床心理学の理論や手法を教育の場に実践的に応用し関与する」立場（例えば河合隼雄）と，「教育的日常の物語を異化することを通じて新しい教育の物語の創造を求める」立場（例えば皇紀夫）を取り上げて，前者を「実践を通しての研究」，後者を「実践についての研究」と特徴づけた（秋田，2003，116～117頁）。そして，「教育研究者が現場にかかわり，その臨床知が論文という形で生成されるだけでよしとするのか，ある固有の学校，学級という場にかかわった責任を研究者がどのように引き受けるのかという問い」を提出した（同前）。

　「いじめ」問題にアプローチする場合に，必ずしも全く同じではないが，質的には同様の「問い」と向き合わなくてはならない。そのことを，秋田論文とほぼ同じ時期に報告者も提起した（折出，2002，233～244頁）。今後も，「いじめ」の予防のために，「実践者と研究者の協働」（秋田）をどうつくりだしていくか・いけるか。このテーマも，これまで以上に大きな課題の1つである。

②実践的アプローチの可能性

　「いじめ」問題は，ここからここまではその領域であると線引きできるような類の中身ではない。一人ひとりの子どもの生活現実を常にトータルにとらえるように努め，「いじめ・いじめられ関係」の発生から事実をたどって，介入の是非，その仕方の妥当性，解決に至ったのかどうか，本件の解決とは何かを，関係者との協働で検証していく作業が必要である。

　学級担任・生徒（生活）指導主任・養護教諭・臨床心理士・スクールソーシャルワーカー相互の校内関係は既に動いているが，研究者が機会を得られればそれを生かして，「いま・ここに」おいてどう対応するかという教育現場にわが身をおいて，「いじめ」防止の具体的な方法論の追究に踏み込むことも今後の課題

ではないだろうか。

③ 教育機能としてのいじめ防止方策の探究

「いじめ」問題への対処とは，「いじめ・いじめられ」事象の発生にたいする予防・介入・保護とケアに及ぶ当該の教育機関の関与と行動の仕方の全体である。それは，人権教育・倫理教育・道徳教育とも密接にかかわる教育の機能を主としている。ここに，前述の「アザーリング」の観点を意識的に織り込むことを筆者は提案したい。取り立てての「いじめ」防止指導と関連づけながら，教育活動のあらゆる場面で，「いじめ」防止の基となる他者理解と認識を健全に育てるのである。幼児の「かみつき」も，「痛い」と感じる他者を本人が知る大事な学びだ，という見方を幼児教育論ではしているが，ここにある「否定」の否定性が鍵である。竹内が述べたように「いじめ」と一括しないでそこにある「冗談関係」を自治的な関係へひらく指導を工夫する必要がある。

そのためには，「他者とのトラブル」を教材化し，その「教材」から人権感覚，個の尊厳の理解を引き出す指導の展開，さらにそれらを自他関係の共生・自治という認識および行動へと発達させる指導の見通し。こういう質をもつ教育的行為が求められる。生活指導実践と研究の成果を学びなおして，子どもたちの生活現実や子どもを取り巻く生活文化のあり様などにも目を向けていき，生活の主体者である子どもの理解を基本にする必要がある。

④ 教師の他者性の考察

その際，教師は子どもにとっての他者であること（教師の他者性）を忘れてはならない。教師の主体性・指導性は，子どもとの関係を内側に含み，自己自身を主体の面と（子どもから見る）他者の面との矛盾をはらんだ統一体であると認識するとき，自分の仕事にリアリティが備わる。教師の立ち振る舞いが，子どもには権力的・権威的な他者として映ってはいないか。その抑圧が，日常的に，何人かの子どもたちに「いじめ」の芽（動機）を生み出してはいないか。さらに，矢継ぎ早に発せられる「学校改革」方策に無批判的にしたがうその教師の心性が習慣化して，却って自己の他者性をそぎ落としてはいないか。それが，子どもとの関係で苦慮する事態を生んではいないか。こうした実践への振り返りも必要である。

第4節　いじめの構図再考

1　いじめと暴力の裏にある排除・差別

　2020年を間近にしたいま，いじめは異質なものを差別し迫害する行為として，これまで以上に暴力の様相を見せるようになった。2011年3月に起きた東京電力福島第1原発の事故（巨大地震によるメルトダウン等）によって避難を余儀なくされた家族と子どもを攻撃する，いわゆる「原発避難いじめ」である。ここには，「放射線」の怖さと「福島」を機械的に結び付ける住民感覚が働いていた。

　例えば，2016年11月15日，現地から横浜市に避難していた中学1年の少年A君が「いじめをやめてほしい」という願いから，避難先の小学校で2年生から5年生まで続いたいじめ被害を手記にして訴えた。その後，この少年が高額のお金を使って同級生たちにおごった事実も明るみとなり，最終的にはこれも「いじめ」によるものと認定された。この事案以外にも，新潟市では自主避難している小学4年生の子どもに，学級担任が「菌」をつけて呼んでいたことが明るみとなった。これを機にその子どもは学校を休んでいると報じられた。東京都千代田区の公立中学校でも，福島から避難してきた子どもが菓子代など合計1万円を支払わされるという恐喝が発覚した。この子どもは，複数の者から「福島に帰れ」「避難者」「ばらすぞ」と脅されていたという。

　これらの事案の被害者たちは，故郷を離れて避難するトラウマを抱えているうえに，避難先で「福島から来た」と知られると「帰れ」「放射能」などと周りからの排除と攻撃にあい，二重の苦痛を抱えていた。

　このような「原発避難いじめ」の実態について，NHKが早稲田大学などと協力してアンケート調査を行った結果を見ておきたい。回答があった741世帯のうち，原発避難を理由として「子どもがいじめられた」と回答したのは54人。「幼稚園児が3人，小学生が28人，中学生と高校生が合わせて21人」である。「いじめの内容について複数回答で聞くと，『悪口や誹謗中傷』が32件と最も多く，『仲間外れ』が22件，『身体的な暴力』が13件，『金品をたかられた』が5件」であった（URL ＝ http://www3.nhk.or.jp/news/html/20170308/k10010903411000.html）。

具体的な事例を精査して考察するために，筆者は，横浜市で上記少年事案の支援運動を担っている弁護士をたずね，この問題の概要やいじめ問題のとらえ方，学校の対応の在り方を中心に聴き取りをした（2017年3月7日，所属法律事務所にて）。K弁護士は，神奈川県弁護士会で子どもの権利委員会で活躍するとともに原発被害者支援にも取り組んでいる。以下の記述は，K弁護士からの聴き取りの内容であることをお断りしておく。

K弁護士によると，本件のいじめのとらえ方としては，（ア）異質なものへの不安・恐怖と，（イ）避難者の位置づけの不安定さの問題がある。（ア）のキーワードは「放射線（ある物質がこれを出す現象や性質は『放射能』）」である。未知のものに対する不安や恐怖が背景にあって，「放射線」と「福島」を一緒に受け止めている。これは，広島の被爆者が差別され攻撃された経緯と基本的には同じであるから，広島出身の筆者もまったく同感である。（イ）については，当事者の「自主避難」であること。社会的・法的な裏付けが脆弱で，政府の援助も2017年3月末をもって打ち切りとされるなど，当事者の自己責任でやっていくしかない状態である。公的補償・援助のよわさだけを見れば，まさに「難民」と同じであるといっても過言ではなかった。政府の明確な位置づけがないうえに，原発推進の現政府方針からすると自主避難した人たちを「被害者」とは見ていない。そのことが住民の間に反映し，自主避難者たちを「被害者面しやがって」と見る冷淡な反応さえある。

2　「原発避難いじめ」の克服には何が必要か

横浜市の少年の事案では，彼が何度かSOSを出していたのに無視された問題がある。彼は「手記」の中で，「いままでなんかいも死のうとおもった。（原文改行）でも，しんさいでいっぱい死んだからつらいけどぼくはいきるときめた」と書いた。まさにいじめの外的力によって，他者との関係性が壊された苦しみを彼はありのままに書いた。

この事案を通して，① 学校の対応が早期に，丁寧におこなわれていたら避けられた事例ではないか，②「いじめはあってはならない」とする構えが「いじめをできるだけ認定しない」に変質していないか，教育委員会の組織体質自体も問い直すべきである，③ 地域社会全体がいま「他者の寛容・ロス」に陥っていることが問題ではないか，ということを筆者は改めて考えた。

新自由主義が徹底され，子どもも大人も「自己責任」観念に縛られ，社会の

中で粒子のように孤立していくアトム化（atomization）が進み，先の見えない不安な日常を過ごしている。それは，通常の子どもたちにおいても，自分のことを承認してくれる他者との出会いが極めて少ないか，殆ど薄い生活である。

原発避難者へのいじめは，新自由主義下の競争と選抜の徹底によって〈他者からの承認〉を断たれる子どもたちが，避難してきた子どもたちを排除し差別するという構図になってはいないか。今日の「学力向上」運動や新たな詰込み主義の下に子どもたちを同化させる学校の現実がある。この社会的なシステム自体が子どもたちに対する，構造的に見たときの暴力である。本来はこの暴力に抗いたいのだが，そのやり方と方向性がまだわからない。自治の力も未発達で弱い。その子どもたちの中から，「原発避難」の子どもを標的にして攻撃を加えるものが出ていた。

それは，自分の力を相手に示し，自分の言いなりにさせる支配行為である。その力を，社会認識をくぐりながら不満や不信を要求へと練り上げる力に転化させる教育的指導が今必要となっている。この自治的・自立的活動のなかで，相手を仲間として認めて対話できる社会的経験と能力が主体化されていくならば，殊更に彼らをいじめることには至らない。なぜなら，自分が仲間（他者）に承認されていれば，避難してきている子どもの抱える不安や閉塞状態への共感が湧くからである。

3 「川崎河川敷事件」の暴力から見えてきたこと

実際に起きた暴力犯罪の事例を見ておきたい。2015年2月に川崎市川崎区多摩川河川敷で，中学1年（当時13歳）の少年が殺害された。加害少年三名が逮捕され，主犯格の少年（当時19歳）が殺人と傷害で懲役9年以上13年以下の不定期刑に決まったほか，2名もそれぞれ不定期刑となった。『神奈川新聞』ウェブサイトはこの事件の取材記事を連載したが，16年2月25日付記事には，主犯格の少年を情状鑑定した須藤明教授（駒澤女子大学）の証言の要点が掲載された。

それによると，「小学生以降，父親から体罰を含む厳しいしつけを受けていた。中学2年の頃，同級生にけんかで勝ったが，報復で不良少年に追い回された。下級生から因縁をつけられたこともあり，自分の弱さに直面」した，などの体験が当人の「トラウマ」になって，「事件当夜，怒りの矛先が不良少年に向かうはずが逆恨みで弱下に転嫁された。中1男子に対する加害意識より，自分

の被害感が優勢になった」(『神奈川新聞』2016 年)。主犯格少年は，父の暴力，不良少年の追い回しから生まれた恐怖などによる内なる「敵」への暴行を中 1少年に向けて実行した。ここでも，非常に屈折した形で〈他者からの承認〉の欠如が極めて大きな要因であったことがうかがえる。

4　思春期のいじめをめぐる訴訟から

　地方で起きた事案ではあるが，思春期のいじめ問題がいかにその後の人生に刻まれるかを示す事案が愛知県で起きた。それは，中学時代のいじめ提訴に対する愛知県一宮訴訟の判決（2013 年 9 月）のことである。

　同県一宮市の市立中学校に在学中にいじめを受けたことによる心的外傷等への損害賠償を求める訴訟を，当時 23 歳の女性会社員が起こし，名古屋地方裁判所一宮支部の裁判長は，いじめへの適切な対処において担任教諭に「注意義務，安全配慮義務違反」があったと断じた。その上で，原告の賠償請求は，すでにその女性が同級生を相手に起こした訴訟で和解に至っており，その理由なしとして請求棄却となった。そのため，一宮市側は控訴できないこととなった。地元の『中日新聞』9 月 26 日付朝刊は，「一宮のいじめ　担任に責任　『申告封じ込め』批判」「届いた本人の叫び」という大きな活字で，本件を報道した。

　この訴訟判決の持つ意味としては，まず卒業後に中学校でのいじめ被害を提訴し司法の目で学校側の安全配慮義務を裁くように問うたこと，そして，名古屋地裁一宮支部の判決が ① いじめを認定し，学級担任の注意義務違反，安全配慮義務違反を認定したこと，さらに ② 賠償請求は棄却として終結させたことにある。判決後，女性が弁護士を通じて所感を述べていたように，いじめによる苦悩がつのってもそこで命を絶つ道を取らずに，生きることで必ず自分の被害を法の条理に問うことができるようになる。ここに，女性が一番伝えたいメッセージがあった。この裁判は，いじめ被害のサバイバー自身が法廷にみずから被害の訴えを起こしたものである点で，児童虐待，特に性的虐待を受けた者がサバイバーとして，後に加害者を提訴する事案との共通性を持っている。

第Ⅴ章　いじめの問題史と克服のための課題　**117**

第5節　映画作品が描いた問題の本質

1　「脇役たちの守護者」という他者発見

　他者との離断をどう取り戻すか。これは，いじめや差別の被害者にとって生きる希望につながる本質的な問いである。以下では，秀逸の映画作品を通して考えてみよう。

　2016年4月に公開されたドキュメンタリー映画で，ロジャー・ロス・ウィリアムズ監督作品『ぼくと魔法の言葉たち』（2016年，アメリカ，原題：Life, Animated）である。3歳の頃に自閉症と診断され，他者と通じ合う言葉を話さなくなった実在の少年（オーウェン・サスカインド）が，愛するディズニー作品（彼は全作品のセリフを覚えたほど）を通して，青年期には，他者とつながり他者に自己を開いていく言葉を獲得した物語である。

　この物語の中に「いじめ」が出てくる。オーウェンはラボスクールで学習障害やADHDの生徒たちと過ごしたが成果がみられず，退学。1年ほど自宅で学習し，特別な支援ニーズのある学校に入学。しかし，彼はとても内気になり，つらそうで，毎日緊張しきっていたと，父母は当時を語る。父親が，「どうかしたのか，何かあったか」と聞くと，彼は「学校でいじめられている」と話した。いじめっ子から「家を燃やし，お前を捕まえてやる」と脅された。その時のことを「暗闇のなかを生きていた」とオーウェンは語る。いじめから数週間後に彼は地下室で，スケッチ帳にディズニー作品に出てくる，追い詰められる脇役たちを一枚一枚書いていた。どのページもその脇役たちで埋め尽くされた。抜け目のない奴，間抜けな奴，など。ヒーローは1人も出てこない。

　「ヒーローの気分じゃない。僕は脇役だ」と，当時の自分を彼は語る。彼は，陽気で人なつっこい脇役たちに惹かれたのだった。

　スケッチ帳の最後に，「I am the protector of the sidekicks.（僕は脇役たちの守護者）」と彼は書き込んでいた。続いて，「No sidekick gets left behind.（どの脇役たちも見捨てない）」とも書いた。そして，自分で，「迷い子を探す脇役たち」の物語を作った。それは，母親が語るように，彼の「自叙伝」だった。彼は脇役たちを助け活躍させることで，自分の宿命を果たせるという物語の中に自分を再発見できた（引用した彼の言葉の翻訳は，字幕担当・松浦美奈の日本語訳

による）。

　すなわち，オーウェンは，ディズニー映画の脇役たちの「守護者」という，重要な他者を引き受けることに自分の宿命を見出した時に，他者からの承認という決定的な自己変革を体験した。ここまでくるには，何よりもオーウェンの父母，兄の援助が大きいが，治癒と支援の専門家たちが彼の特性，彼らしい他者性を引き出すように努めたことも大きい。

2　システムの暴力に抗する個の尊厳力

　2017年3月に公開された『わたしは，ダニエル・ブレイク』（2016年，イギリス・フランス・ベルギー，原題：I, DANIEL BRAKE）という作品がある。この映画は，当時81歳になるイギリスのケン・ローチ監督の秀逸の作品である。そのタイトルは，1人の労働者・ダニエル（デイヴ・ジョーンズ）の切実な思いを表している。彼は59歳。建具工としての仕事を続けてきて誇りを持っており，妻を亡くしてからもつつましく暮らしてきたが心臓の病となり仕事を止められたので，国の補助を受けようとする。だが，職業安定所での複雑な手続きのために，補助にたどり着けない。

　ダニエルは，働けると判定されたため求職者手当てを受けるには求職活動を続けなくてはならない。医者からは止められているのに形だけの求職をしなくてはならない。この就労援助制度のおかしさに彼は窓口で何度も腹立たしい経験をしながらも，前に進もうとしていた。

　ある日，この町に転入してきた2人の子どもを連れたシングルマザーのケイティ（ヘンリー・スクワイアーズ）が職業安定所の手続きに駆けつけたとき，30分遅れのために制裁措置を受けることとなり，居合わせたダニエルは，なんとかもう少し寛容にできないのかと職員にせまったが，規則だとして取り合ってもらえなかった。

　これを契機にダニエルとケイティたちの交流が始まった。ダニエルはその腕を生かして，彼女らの部屋の建具を直してやったり，子どもたちとも遊んだりして，互いに元気づけあっていた。ケイティはフードバンクにダニエルに付き添われて行き，配給された缶詰を，あまりの空腹に耐えきれずその場であけて素手で食べてしまう。自分の「みじめな」姿に彼女は泣いて落ち込んだ。それをダニエルは「君は悪くない」と温かく受け止めた。

　別の日に，ケイティは日用品を万引きして見つかり，店長の配慮で見逃して

もらえたが，その店のスタッフから「助けになるよ」とある電話番号のメモを渡される。それは，女性にとって危険な選択であることはわかった。夜眠れない娘から，破れたままの靴を履いていることでいじめられたことを聞かされ，彼女は決心した。その電話番号の店に行き，娼婦の契約を交わしたのだった。ダニエルはなんとかケイティをそこから救おうと対話を試みるが「もう会わない」と言われ，そのつらさを抱えている時だった。職業安定所の杓子定規の対応に見切りをつけて，彼は手当の請求をやめると宣言した。そして，外に出て，その建物の白い壁面にスプレーで，「I Daniel Blake」と書き付け，さらに公への抗議の言葉を書いた。これを知った職員が警察を呼ぶが，その一方で，通りかかった若者や労働者たちからは喝采をあびた。

　家具などを売ったお金で毛布にくるまっただけの暮らしで凌いでいるとき，ケイティの力添えで再審査の道が開けることになった。しかし，支援者を交えてその手続きの話をこれから始めるという時，彼は心臓発作で亡くなった。費用を節約した早朝の葬儀で，ケイティがダニエルの残していたメモを参列者に読み上げた。そこには，「私は犬ではない，人間だ。私は一人の市民だ。それ以上でも以下でもない」と書かれていた。

　本作を通して，貧困ゆえに棄民化される労働者が卑屈にならずに，自己の権利を主張して強大な制度に対して抗議する姿に，人間の生きる尊厳のもつ力を確認することができる。その重要な決め手は〈他者からの承認〉である。

　労働者が失業救済の手続きをしようにも役所の規則づくめで窒息してしまいそうな行政システムの実態がある。これは権力で相手を威圧する間接的で構造的な暴力といってよい。ダニエルの「私は犬ではない，人間だ。私は，一人の市民だ」という〈声〉こそ，個の存在の根源を表す言葉だ。一人の人間として私は〈他者からの承認〉を欲している，と。本章で取り上げたいじめ事案，暴力犯罪事件に関係する子どもたちは，いずれも，個の尊厳を必死で訴えていたといえる。

引用・参考文献

秋田喜代美（2003）「学校教育における『臨床』研究を問い直す——教師との協働生成の試みの中で——」，日本教育方法学会編『教育方法32　新しい学びと知の創造』図書文化。

原田真知子（2013）「学校を『奪わない』場にしたい」，全生研編ブックレット『〈いじめ〉〈迫害〉子どもの世界に何が起きているか』クリエイツかもがわ。

ハーマン，J.（1996）『心的外傷と回復』中井久夫訳，みすず書房。

楠凡之（2013）「いじめ問題をどう捉え，どう克服していくのか」，全生研編，前掲書。

『神奈川新聞』ウェブ版（http://www.kanaloco.jp/article/154896/　アクセス 2016. 2. 5）

黒澤知弘（2017）「追い詰められている避難者の子どもたち」『世界』 4 月号，84 〜 87 頁。

宮原誠一ほか編（1974）『資料日本現代教育史』第 1 巻，三省堂。

宮坂哲文（1975）『宮坂哲文著作集Ⅱ』明治図書。

日本教育方法学会編（1986）『教育方法 15 実践にとって教授学とは何か』明治図書。

日本教育方法学会編（1997）『教育方法 26 新しい学校像と教育改革』明治図書。

日本教育方法学会編（2013）第 17 回研究集会報告書『いじめ問題にどう取り組むか』（報告冊子）。

小川太郎（1980）『小川太郎教育学著作集』青木書店。「第 1 巻 教育の原理」「第 3 巻 日本の子どもと生活綴方」「第 5 巻 同和教育」を参照。

折出健二（2001）『変革期の教育と弁証法』創風社。

折出健二（2002）「生活指導・学校社会臨床・エンパワメント」，小林剛・皇紀夫・田中孝彦編著『臨床教育学序説』柏書房。

折出健二（2007）「『いじめ』に対する研究と取り組みの動向」，日本教育方法学会編『教育方法 36』図書文化。

折出健二（2012）「『いじめ・自殺』をどう防ぐか」，民主教育研究所編『人間と教育』76 号，94 〜 101 頁。

折出健二（2013）「いじめ問題を考える視点」，全生研「いじめブックレット」編集プロジェクト編著『いじめ・迫害 子どもの世界に何がおきているか』クリエイツかもがわ。

折出健二（2016）「『不寛容』主義の陥穽〈ゼロトレランス方式〉について」『クレスコ』9 月号，大月書店。

折出健二（2016）『他者ありて私は誰かの他者になる──いま創めるアザーリング』ほっとブックス新栄。

折出健二（2017）「『原発避難いじめ』の実証研究（試論）」『生活指導』 6 ・ 7 月号，高文研。

Reese, W. L.（ed.）: *Dictionary of Philosophy and Religion*, Humanities Press 1996.

佐藤博（1995）「〈罰と競争〉を越える教育実践の試み」，教育科学研究会学校部会編『子ども観の転換と学校づくり』国土社，所収。

芹沢俊介（2012）「いじめの定義の大切さについて」『現代思想 12 月臨時増刊号』青土社，128 〜 134 頁。

城丸章夫（1992）『城丸章夫著作集　第 3 巻』青木書店。「民主的人格形成の原則」（初出，1966）。

竹内常一（1995）『竹内常一　教育のしごと　第 4 巻』青木書店。「いじめと平和教育」（初出，1988）。

全生研常任委員会編（1983）『全生研大会基調提案集　第 2 集』明治図書。

第Ⅵ章　市民の教育運動にみる学び・交流の弁証法
——愛知父母懇の活動を例に——

第1節　愛知父母懇とは何か

　第Ⅳ章で，保護者と教師が生みだす対話のちからについて述べた。それは，さまざまな人が参加してつくりだす市民的な教育運動である。ここでは，筆者が関わっているある民主的団体を例に，こうした諸活動のなかにある市民の自立とその弁証法を読みひらいていきたい。

　通称「愛知父母懇」は，「私学をよくする愛知父母懇談会」のことで，1980年に結成された。そのいきさつを，同会がまとめた『父母懇読本　愛知父母懇はたのしいよ』（高校出版）がこう記している。「1979年の夏，栃木県鬼怒川温泉で開かれた第10回全国私学夏季教育研究集会（全私研）に参加した17校30名の愛知の父母が夜を徹して語り合い」，私学助成金運動を私学の教師たちにだけ任せないで「父母の主体的な運動」にしよう，そのために「学園の垣根をこえた父母の自主組織をつくろう」と誓い合った（同書，8頁以下）。こうして，80年6月に船出となった。

　以来，（本稿の時点で）38年間，全国でも知られる「サマーセミナー」をはじめとする大規模の教育・文化イベントや学習と交流を織り込んだ「一泊研修」などを通じて，私学をこえた愛知の県民による教育運動の潮流をつくりだしてきた。同会の資料によると，主な歩みは以下の通りである。

　　1980年　初夏のつどい（県内各ブロック）開始
　　1980年　第1回夏季一泊研修（県内，定光寺研修センター）
　　1981年　父母と教職員1万3000人大集会（愛知県体育館）
　　1985年　映画『それぞれの旅立ち』上映
　　1987年　複合選抜制（複数受験の高校入試制度）反対集会
　　1989年　サマーセミナー開始
　　1989年　70キロ徹夜ウォーク（授業料助成拡大運動の一環で）
　　1997年　10万人ナゴヤドーム祭典

2000 年　1 億円募金コンサート

2002 年・2009 年　県民文化大祭典（ナゴヤドーム）

2017 年　第 29 回サマーセミナー（同朋大学ほか）

2017 年　第 38 回夏季 1 泊研修

2018 年　第 33 回夏季 1 日研修（南山高等・中学校）

2018 年　第 30 回サマーセミナー（椙山女学園大学ほか）

2018 年　第 39 回夏期 1 泊研修

　中でも，サマーセミナーは，例えば直近の第 29 回（2017 年）でいえば，名誉校長に益川敏英氏をむかえ，3 日間の日程で 2100 講座に延べ 6 万人が参加し，県民にも開放された幅広い層の参加による学びが展開した。

　こうした教育運動を支えているその組織性や活動内容などは，同会「会則」によれば，以下のように規定されている。

　「この会は，私立学校をよくしたいとねがう父母の自由な懇談会で『私学をよくする愛知父母懇談会』（略称「愛知父母懇」）と称します」。

　「この会は，県民が誇りをもって選び，学び，語ることのできる私学づくりをめざし，次のことを目的とします」として，（1）教職員との連携により私学教育を創造し，家庭や地域の教育力を回復すること，（2）父母負担軽減と受験地獄解消のために公費助成の大幅増額に努力すること，（3）自由な話しあいを基調に，教職員と父母の連帯を深め，私学の充実発展を求める県民の合意と世論を広げるために努力すること，をあげている。

　そして，活動としては，「教育について学びあい，話し合うための集会」をはじめとして，「公費助成運動」「会員相互の神木と連帯」「学園，地域における父母の活動」「父母と教職員の結びつき」「他の団体との交流・連帯」「会報やニュースの発行」をあげている。

　会員は「個人会員」と「団体会員」からなる。「会員はブロックに所属し，活動する」。

　以上のように，愛知父母懇の主体は，愛知県内の私学各校に入学した生徒たちの父母一人ひとりである。しかも，生徒たちが卒業した後も父母懇の会員として，「なんとか私学助成に向けて応援したい」「これまでの父母同士のつながりを続けたい」などの思いから，継続して父母懇の活動に参加する人が多数いる。こうして，わが子は今 20 代になって仕事についている・家庭を持っているとい

第Ⅵ章　市民の教育運動にみる学び・交流の弁証法　　**125**

う父母でも，父母懇に参加し，役員を引き受けて積極的に活動している。

　会の運営は，各学園・各ブロックや地域センターを母体に選ばれた代表と常任幹事からなる幹事会が母体で，そのもとに常任幹事会（常幹会）が組織され，定例で会議を開き，年間の活動計画，個別の事業の具体的な実務の確認等は，この常幹会の協議で進めている。常幹会のもとに事務局，専門部（助成金・研修・会報・文化）があり，この各部には学園・地域センターより選出された専門部員が配置され，各部会を開き，交流も織り交ぜながら部会活動の実践を重ねている。さらに，常幹会は，各種の実行委員会とも連携し，幅広い活動を組織的に進めている。サマーセミナー実行委員会，１億円募金実行委員会，「されど波風体験」普及推進委員会が，それである。

　会社・自宅営業等で働く父母も多くいて，常幹会の会議は平日の夜間か土曜日午後に開かれ，40名弱の出席者によって約２時間から２時間半をかけて，議事の流れ（協議・報告事項）に従って，すべて文書で報告され，質疑があり，確認・合意されて，活動が具体化されていく。原案・協議・（必要な修正があればそれを経て）決定・実践という父母懇運動の自立した活動スタイルが定着している。

　毎年，愛知県議会に私学助成の請願署名を提出してきているが，直近では2018年２月５日に愛知県議会議長宛に，346万1590筆の請願書名を提出した。この署名のために，愛知父母懇傘下の学園・ブロック・地域センターを基にあらゆる会員が私学の教職員や高校生たちと共に取り組み，幅広く動いた。その背景には，国政レベルで各政党が「（幼児教育を含む）教育の無償化」「私学授業料の無償化」を具体的に語る情勢にあったこともある。もともと，中等教育（中学校・高校の教育）を無償にするという国際間の約束は，国際人権規約Ｂ規約（「社会権規約」と呼ばれる。）や子どもの権利条約によって理念として掲げられ，合意されている。我が国の現状は，公私の高校授業料負担が異なるなど真の教育無償化はまだ実現していない。経済的負担で高校進学を断念したり，学費のためのアルバイトが過重となって体を壊し退学したりすることは，憲法26条の「教育を受ける権利」の平等な保障とはいえない。その現状を速やかに改善することは，世界の水準にふさわしい中等教育の環境を確立することであり，愛知県という一自治体の県民的な取り組みとはいえ，346万余という署名の達成は非常に大きな意義をもっている。

第2節　父母懇活動の目的と組織性（総会）

1　「教育に公平を」の運動理念

　愛知父母懇の最重要の目的は，公立・私立高等学校の学費（授業料）の格差をなくし「教育の公平」を実現することにある。この問題は愛知だけではなく全国的なものであり，「教育の無償化」として近年の国会でも論議されるようになった。

　「教育の無償化」は国際的な人権規約上で探究されてきた。それは「経済的，社会的及び文化的権利に関する国際規約」（「社会権規約」）である。日本はこの規約を1976年に批准したが，中等・高等教育における「無償教育の漸進的導入」に関してのみ「保留」とした。それが30年以上続いた後に，民主党政権下で，高校授業料の無償化が実現し奨学金制度，大学授業料減免措置などの広がりが見られ，2012年9月，日本政府は同「留保」を撤回した（以上は，中内康夫「社会権規約の中等・高等教育無償化条項に係る留保撤回——条約に付した留保を撤回する際の検討事項と課題——」を参考にした（URL=http://www.sangiin.go.jp/japanese/annai/chousa/rippou_chousa/backnumber/2013pdf/20130201044.pdf）。

　現在は，「高等学校等就学支援金の支給に関する法律」として整備され，これに基づいて高校授業料無償化・就学支援金支給制度が進められている。その要点は，① 国公立の全日制・定時制・通信制高校においては授業料相当額の生徒数分の補助金が国から高校設置自治体に支給されること，② 私立高校は通常の年額（11万8800円）のほか，家計困難な生徒についてはその世帯の年収に応じて一定額が就学支援金として国から設置者（学校法人など）に支給されることである。

　このような全国の流れと関わりながら，愛知では独自の私学助成請願運動が行われ，毎年県内の広範囲の署名活動が取り組まれている（署名活動の母体は「私学助成をすすめる会」）。直近の2017年度でいえば，346万1590筆の署名が代表者を通じて愛知県議会議長に手渡された。

　愛知父母懇は，公私の学費格差をなくすことを通して，ただ私学のためだけではなく公立・私立を合わせた愛知の教育の向上を目指している。最近では，愛知父母懇が以前から協力してきている年間の様々なイベント（「サマーセミ

ナー」や「オータムフェス」など）が県民的な行事として企画され進められて
きていることに，それがよく現れている。

2　総　会

　その運動の組織性をもっともよく現しているのが，愛知父母懇の総会である。
これは毎年，5月下旬または6月初旬に定期総会を開いている（会則で，事業
年度を6月1日から翌年5月31日までと定めている）。名古屋市内の公共施設
の大ホールが満席になるほどの盛り上がりで，式典に先立って，県内私学の高
校生楽団による演奏，高校生フェスティバル実行委員会の生徒たちによる群舞
と合唱が行われる。引き続く式典では，ステージに，愛知父母懇の役員はもと
より，愛知県議団に加盟している各党代表の議員，愛知私学の各校代表者（理
事または校長など），愛知父母懇 OB 会の役員が登壇し，開会行事と総会議案の
報告と承認などが行われる。約1時間の会合のあと，その年ごとに招いた著名
な講師による講演会が行われる。式典では，会長あいさつ，来賓あいさつと続
くが，2017年から同会の会長に就任した筆者は，2018年5月27日開催の総会
で以下のあいさつをを述べた。

　総会あいさつ　　　　　　　　　　　　　2018. 5. 27.　　会長　折出 健二

　　私学をよくする愛知父母懇談会の第39回総会にご参集の皆様，ようこそお
越しくださいました。会長の折出健二です。

　　本日，ご多用の中，ご出席賜りました県議会各党の皆様はじめご来賓の皆
様，まことにありがとうございます。私学助成をはじめとしまして愛知父母
懇の活動を日頃からご支援いただき，厚くお礼を申し上げます。

　　また，お子様のご入学に伴い新たに会員としてここにお集まりの父母の皆
様，おめでとうございます。ぜひご一緒にお子様の成長を支えていきましょ
う。

　　さて，皆さま。いま，世の中は大きな混乱と危機感を抱えています。社会
の秩序が大きく揺らいでいるからです。文書の改ざん問題をはじめとする国
政の混乱，そして事実関係を真摯に正しているとは国民には見えない，政治
家や官僚の態度。また，別の分野では，先ごろ行われたアメリカンフットボー
ルの試合での反則行為をめぐる当該大学の監督や大学執行部の対応。ここか

ら浮かび上がる問題は，一言で表せば，「誠実，信頼，コミュニケーション」の崩れ，です。

その中で救いは，アメフトの試合で反則タックルを仕掛けた当該の選手の謝罪会見でした。メディアに敢えて出て，自分の言葉で，その行為の非を認め，深いつらさを語る真剣な態度は，引き起こした問題と向き合う誠実さ，発言を聴いてくださる方々への信頼，そしてみずから学び取ったコミュニケーションの大切さと回復への願い。どれも，20歳とは思えない素晴らしい内容でした。

彼だけではありません，身近に居る若い人たちの前向きで真剣な生き方にわたしたちは大いに学ばされています。愛知の高校生フェスティバルに参加する高校生たち，サマーセミナーで学びあう高校生たち，そして先日の高校生サミットを含む新歓フェスで見せたあのパワフルな演技や弁論など。

そこに流れるのは「希望は自分たちの行動できりひらく」「一人ぼっちのひとをつくらない」「辛いことは共有して共に乗り越える」という生き方です。

例えば，高校に入学はしたが学費の困難さでアルバイトを重ね，体を壊し，ついには高校を辞めざるを得なかった友のことを，はじめて「自分の問題」として受け止め直したと，フェス実行委員長は熱く語りました。このほかにも，国際的な核兵器禁止条約の動きなど平和追究のこと，18歳選挙権にかかわる自分たちの社会認識のことなど，懸命に高校生たちは，現実という教材から学ぼうとしています。

そこにあるのは，「わたしたちはどう生きるか」の問いです。この「問う力」「探究する力」こそ，「大きな学力」とわたしたちが呼ぶことの柱なのです。

「教育に公平を」の願いのもと，わたしたち父母懇は，学費のことで高校進学をやめたり，過剰のアルバイトで退学を余儀なくされたりすることがないように，すべての子どもにとって希望の持てる高校生活の実現に向けて歩んでいきます。そのために，わたしたちは私教連の先生方と共に，県民にも働きかけ，よりよい愛知の教育を模索していきます。また，全国の父母懇談会と連帯していきます。

皆さま，この2018年度も，各学園・ブロック・センターのそれぞれの場面で，「一人ぼっちの親をつくらない」の合言葉のもと，幅広くつながり，違いを認め合うからこそ「対話する」ことを大事にして，やっていきましょう。私ども常任幹事会も微力ながら皆様と共に歩んでいきます。

この１年が，皆様にとって，わが子の成長の手ごたえ感，なかまとつながるわくわく感，そして，自分に与えられた時間を生きることの充実感，これらに充ちた１年となりますように願っております。

以上をもちまして，ご挨拶といたします。

第３節　愛知父母懇の理論的支柱（二つの著作）

同会が一貫して大事にしているのが，学びである。毎年度の主要行事である父母懇主催の「１泊研修」「１日研修」および常任幹事会などでは，同会が提携している愛知私教連（愛知県私立学校教職員組合連合会。全国私教連に加盟）の委員長あるいは書記長が来場して，最近の教育情勢を分厚い資料を基に報告する。その内容は私学助成に関わる諸課題のみならず，まさに「いま，子どもと学校教育で何が起きているか，それを父母と教師はどう受け止めるか」という教育論が中心である。40～50分のこの報告を父母はしっかり聴いている。難しい用語もいくつかあるが，報告者の熱意のこもった語りに引き込まれるらしい。

同会の会長に就任したばかりの時，筆者が横田正行委員長に「相手は父母なのに組合員への報告と同じようなトーンになっていないか」と聞いたところ，委員長は「気をつけているが，今課題は何かを共有して欲しいので，つい力が入ってしまう」と話した。私教連としてもただ提携する相手としてではなく，自分たちの教育実践及び教育運動を愛知父母懇に支えてもらっているという思いがそこにはある。

さらに，愛知父母懇が普及に力を入れている二つの書物がある。同会の運動の理論的支柱となってきた寺内義和の著作『大きな学力』（労働旬報社，初出1996年）と寺内著『されど波風体験　自分の「大きな学力」に気づくとき』（幻冬舎ルネッサンス，初出2005年）である。

1　『大きな学力』と愛知私学流の生きる力論
――〈明日を生きる力〉を共に分かちあう――

まず，『大きな学力』を読みひらいてみたい。余談だが，同書の刊行当時，出版記念シンポジウムが愛知私教連の主催で開かれ，筆者もそのシンポジストの一人として参加し，この書物について話した。過日，寺内顧問と久しぶりに対

面したときに，寺内が言うには，「折出さんは学力を語るのに"大きな"とした点が画期的だと言ってくれた」と感想を述べたことがあった。

内容を大まかに紹介しておく。

序章　「大きな学力」の群像：偏差値学力を乗り越える高校生たちや彼らを支える教師集団が描かれる。

第1章　「大きな学力」とは：絶望から希望へ，そして再生へ，という寺内流実践論・運動論のベースが語られる。これを基に「大きな学力」の構成要件が具体的に述べられる。

第2章　「大きな学力」の源泉——波風体験：「波風の立つ主体的体験」が創り出す人間力が，寺内の豊富で造詣深い読書体験を交えて語られる。

第3章　学校教育と「大きな学力」：偏差値・管理教育で苦しめられてきた愛知の高校生の姿をリアルに描き，本来の「教育改革」とは何かを問いかける。

第4章　授業改革と「大きな学力」：子どもを主体にした学びへの転換を私学の教師たちがどのように苦労して切り拓いてきたかが語られる。

終章　波風の中から：寺内自身の少年時代を含む自分史的体験に基づく生き方論で締めくくる。

四六判，394頁に及ぶこの書物を読んで印象深いこと，筆者なりに共鳴したことを述べておく。

第1に，随所に，寺内が出会った高校生・教師・父母・私学協会等の団体幹部などとの会話や踏みこんだ対話が出てきて，それぞれに意味づけがされている。また，こうしたエピソードを一般化するうえで，大江健三郎，遠藤周作ら，著名な作家の作品を寺内がどう読み込んだかが述べられている。このような叙述全体に，寺内の直観力が働いている。

第2に，「大きな学力」は「目標をつくり，それを追求する力」「生きて働く知識，技術，体力，感性」「関係を広げ，深める力」の三つの基本的な力から成る，としている。この点は，寺内自身が担ってきた私教連の教育運動体験に根ざし，しかも，時代と向き合う思想・人間観によって裏打ちされている。

寺内の自分史のキーワードである「波風体験」が「大きな学力」のカギとなっており，ここが中教審等のいう「生きる力」とは決定的に違っている（同書所収の鳴戸達雄の「解説」より）。

第Ⅵ章　市民の教育運動にみる学び・交流の弁証法　**131**

　第3に，その「波風体験」を自ら意味づけるなかで引き出されたであろう弁証法的な世界観，「否定の中に肯定を見る」という哲学的な見方が全編を貫いている。例えば，同書では唯一，哲学的な表現の次の見出しがある。

　「第2章の2　人間と事物を『おたがいつながっており，たえず転化している』という視点でとらえる力（弁証法的認識）」。

　ここでは，社会も組織も含めてあらゆる事物は，光と影のように，相矛盾する両面をもち，双方が支え合い，テコとなって，「転化」を繰り返しながらラセン状で発展していく，と述べられている（同書，108頁）。筆者がヘーゲルの『精神現象学』や『小論理学』などを苦労しながら読み返して得た弁証法の思想が，わかりやすく，かみ砕いて，しかしその本質をぼかさないで述べられている。

　一般の読者はこういう箇所には興味を示されないかも知れないが，筆者は，ここにこの書物の隠された「宝」があると見る。つまり，「大きな学力」とは，日常の他者との出会い，異論や批判にぶつかり悩む体験を通して，それぞれにささやかながら一歩ずつ前進していくなかで身に付くものである。その小さな乗り越え，小さなつながりの再発見や再生，周りからの受容・評価・肯定などの中に，実は，上記の三つの基本的な力につながる要素がたっぷりと含まれている総合力が形成されているのだと，著者は語っている。余談だが，ある時，著者に「どういう経緯で弁証法的考えに出会ったのか」と聞くと，寺内はある外国語大学に入り中国語を専攻したことから，当時の若い世代にありがちな哲学・思想への志向で学生時代に毛沢東の『実践論・矛盾論』を読み込んだという。

　第4に，「大きな学力」に「関係の力」を入れている点が出色である。今でいう「関係性」に早くから着目している。「他者の存在」の意義についても随所に出てくる。「伴走者」の言葉はこの書物ではまだ登場していないが，述べていることは（人々の自立への挑戦や闘いの）「伴走者であれ」である。しかも「感性豊かな」という形容詞が付く。

　第5に，その「感性」のきめこまかさ，豊かさこそ，著者が学び取り，体得し，そして太らせてきた生きる力である。著者がいう「貧乏物語」あるいは「極貧の原体験」こそ，著者が「生きた運動は，理屈ではなく魂から生まれる」（320頁）と喝破したほどに，生きた哲学の精神陶冶の土壌になったと推察できる。

　最後に，地方から，という闘いの構え方である。同書には，教育を語る場合に他の書物ではよく引用される著名な教育学者たちが全くといってよいほど出てこない（田中孝彦が少し引用されている）。また，いわゆる革新系の教育運動

家として全国周知の三上満も登場しない。これらのことは，寺内の同書に込めた思いを表している。すなわち，〈ここ（愛知）こそが「中央」だ〉という自立思想である。とかく，民間教育運動は東京圏の学者・研究者の発信する言説に頼り，あるいはその権威をよりどころに自分たちの営む活動や方針や取り組み方を肯定的に意味づけるやり方を採ってきた傾向が少なからずある。しかし，寺内は，そこと明らかに距離を取っている。

　書名の「大きな」の意味は，人生の大小様々な「壁」や困難さと向き合う，その生き方のもつ意味の「大きさ」をいう。それは誰にも，どの世代にもある。どんなつらいことも，どのような克服の手ごたえも，必ずその人（たち）の「明日」を切り開く創造的な力，社会情勢に意欲的に参加する力となってよみがえる。ここに，教育のリアリズムに基礎をもつロマンがある。それほど，非常にポジティブな生き方論が形成されている。それはすべて著者・寺内の体験とそれを意味づける力の賜物である。

2　『されど波風体験——自分の「大きな力」に気づくとき』が問いかけていること

（1）　この書の特質

　これも寺内義和の著作である。『大きな学力』がどのように父母や教師・高校生に受け入れられてきたか，また新たな取り組みから見えてきた生き方とは何かを，寺内の筆致と文体でわかりやすく書いている。「波風体験」の「波風」とは，「もめごと，ごたごた」や「つらい体験」の意味があり（『広辞苑』），本書の内容からすると後者の意味を強く含ませタイトルである。

　「されど」は，「そうではあるが，しかし」「けれども」の意味である。誰にもその人の人生における「波風」はあるが，けれども，それだけでは終わらない，そこには大事な意味がある，というメッセージが書名に込められている。

　本書サブタイトル「自分の『大きな力』に気づくとき」に，そのことが凝縮されている。

　また，序章の「反転する人間群像」という視点からもわかるように，つらさや困難にめげない・そこから逃げないで立ち向かう人々への応援が込められている。

　次の出だしの一文に本書の思想の基本がある

　「『大きな学力』とは何か。それは，『今，時代はどのような人間力を求めて

第Ⅵ章　市民の教育運動にみる学び・交流の弁証法　**133**

いるか』を踏まえて考えてみなければ，見えてこないものです」。

これが本書の第一文である。その意味するところは何か。

ここでいう「学力」はテストで測る達成度のことでは全くなく，波風体験も含めた様々の経験・知識を主体化・人間化するその能力のことをいう。よって，①「大きな学力」は，固定されたある到達値ではない，②「大きな学力」の「大きさ」は，人それぞれの向き合ってきた課題や体験等に即して異なるし，何よりも，「いま・ここに生きる」その時代感覚の鋭さや深さによって，その「大きさ」は決まる。

一人の親・家庭人，保護者，社会人（会社スタッフまたは企業人），市民，人権主体として，自分（たち）の生き方をどう受け止めるか。《私はこの人生をどう生きたらいいのか，生きていくべきか》と，《人生》に「私」が問いかけるのではない。《人生》が「私」に「あなたはどう生きようとしていますか」と問いかけている（この命題は，本書の347頁以下に出てくる『夜と霧』のフランクルの言葉を基にしている）。人生からの問いかけに《どう答えるか》が，「私」の「私」たるゆえんなのである。

その《答え》には「これが正解」はない。ある人は「これでいいんだ」と，小さく「答え」を出して（出したつもりになって）安住するかもしれない。だが，別の人は，「まだまだこの先，わかっていないことが山ほどある。もっとやってみて，もっとその本当の姿を知らないと答えは見えない」「まだまだ，本当の手ごたえはこんなもんじゃないはず」と受け取る人もいる。だから「大きな学力」の「大きさ」は違うのである。

（２）　時代と向き合う力へのメッセージ

寺内の人生体験，教師体験，幅広い読書体験はもとより映画・演劇・スポーツに至る著名な人物の言葉を広く・深くキャッチして引用し，それらが基になって，この本は書かれている。

『大きな学力』とは違って，序章と終章をのぞけば，第1章から第4章まで，39個の質問に答えるQ&A形式で書かれているので，読みやすい。

しかも，どの「問い」も父母懇運動のなかで誰かがいつか発したであろう実際の声が基になっている（と，筆者は推測する）。だから，父母懇に初めて参加する人が読んでも，とても身近に本書の内容を感じることができる。

さらに，それぞれのQ&Aの「A」の部分には著名な俳優・作家やプレーヤー

などの言葉や思想の一端も数多く登場するが，必ず，実際の高校生の姿も描かれていて，これらを通して「問い」への「答え」が述べられる。私学の高校教師を長年務めてきて多くの生徒たちと多彩なドラマをつくりあげてきた寺内だからこそできる展開である。これも本書が，親しみやすさ・わかりやすさを基調としている大事な要素だ。だから，父母としてはストンと胸に落ちやすい。共感が生まれやすい。

　例えば「波風体験は，なぜ，人間力を付けるのですか」（160頁）の節では，高校生が自主活動に参加し，「つらさ」や「苦しい」場面もくぐりながらやり遂げるなかで，「高校生フェスティバルの生徒たちは，自分の体験を踏まえて言います。『人生の体験で無駄なことは何ひとつない』『感動にはつらさが必要だ』と」（161頁）。こうまとめている。その高校生たちの他者認識・なかま認識・自己認識，これらを総合する「いま・ここ」と向き合う力，これを「人間力」として本書は描き出している。

　そのような力を日頃の授業を通しても築きだせる，そういう高校教育をやっていこう，というメッセージも隠し味として含まれている。

　素晴らしい叙述，エピソードが続き，読者は，場面によっては目頭を熱くして読むこともあるであろう。テーマの深さ・重たさに，ハッとさせられることもある。だからといって，この本を崇め奉っては，本来の読書からは外れる。同じように，著者がいかにこれまでの運動のゆるぎないリーダーであることを誰もが認めるからといって，崇めてはいけない。それでは，父母懇が内側に溜めてきている学びの力・創造力と交流・イベント達成力の両輪の力を，みずから萎えさせ，ひいては自滅していくのに等しい。

　なぜなら，父母懇に参加するすべての人々のもつ「大きな学力」の可能性の総和（一人一人の生き方がもつベクトルの合成）として，父母懇運動の推進力が形成されているからである。誰か特定の人が特定の権威ある人物にまつりあげられることは，みずからの生き方やみずからの問いの力を止めることになる。

　では，どうすればいいのか。

　本書を読んで，共感し，考え，自分の体験したことの意味をつかみ，そして何よりも本書のいう「問いかけ」を自分が引き受けることである。どんな作品・叙述物もそうであるが，ひとたび市販され世に出れば，そこで著者の手を離れ，読者によって意味づけられるか，より太く解釈されるか，あるいは批判されるか，見限られるか，すべては読者の体験によってろ過されて行く。それが，精神的

な表現物である本の宿命（音楽・映画作品も同じである）。

（3）　子どもの思春期に，自分（たち）の思秋期をどう生きるか

　人生の節目は，古来，春夏秋冬と色彩とを重ねて特徴づけられて来た。曰く，「青春，朱夏，白秋，玄冬」。このことから，子どもが10代半ば以後の「春」＝思春期を悩み揺れながら育つとき，その親は，人生の「秋」＝思秋期（だいたい40〜60歳）を揺れながらより社会的な事柄とも向き合いながら生き抜いていく。「思秋期」は，ジャーナリスト・斎藤茂男が使った。

　子どもが，友人関係，進路進学問題，学ぶ意味・生きる意味などに揺れる時，親は思秋期をどう生きるか。これはどの父母もくぐる問いであろう。

　子育てのこと，家族のこと，自分たちの親の介護のこと，仕事のこと，社会・文化・政治のことや世界の平和のことなど，揺れて，迷い，立ち止まり，時にはあきらめかけたりして立ち直り，それでも一歩また一歩と歩みだしている。「されど波風体験」の言葉が身に染みるのはそのためである。思春期にも思秋期にも相通じるものをその言葉は持っている。

　父母懇に参加しているおとなはこの運動の担い手として，その思秋期を生きている。生きようとしている。

　「一人ぼっちの親をつくらない」と，つながること・学びあうこと・はじけるような笑いを交わすこと・どこにもないイベントを達成することなど，まさに思春期の子どもらに負けないくらいに旺盛にチャレンジして，頑張っている。

　それは単に「私学をよくする」だけにとどまらず，愛知の教育を，ひいては日本の教育を少しでもいい方向に変えたい，そういう願いの下に力を合わせている。

　なんという素晴らしいことか。なんという見事な思秋期の生き方か。そのドラマを振り返り，意味づけるうえで，私見では，本書には三つの「F」，つまりフィーリング（feeling），フレンドリー（friendly），前向きの姿勢（forward-looking）が随所に見られ，父母懇に参加して何とか自分も社会に貢献したいという生き方に，ピッタリの内容である。

　人間としての自立とは，他者と出会い，他者に助けられ，自分の生き方・生きる価値を見出していく変化の過程を指している。しかも，その自分が，誰かの他者として，別の人のつらさや苦境を乗り越えるのに手を貸していく。他者と出会い，その自分が誰かの他者として関わる。このことを筆者は，「他者」の

意味の other の動詞形で「othering」（アザーリング）と呼んでいる（本書の第Ⅱ章を参照）。

父母懇には、この「アザーリング」の様々の場面が随所にある。何よりも、わが子が、父母懇の運動に参加して徐々に変わっていく自分を「親」であると共に、一人のおとな、一人の市民という「他者」としても見て、感じている。

第4節　苦難から立ち上がる弁証法

自分（たち）が直面する現実を読み開く「大きな学力」を身に付けるように努め、どのような苦難にあってもそれを学びとして立ち上がる。ここに愛知父母懇の運動に込められたメッセージがある。子ども（生徒）の自立も、そのような「反転」（寺内）のある成長過程を大事に支えるという一貫した考え方で、愛知父母懇は取り組んできている。それを象徴する大イベントが「サマーセミナー」である。これは前述の私教連、高校生フェスティバル実行委員会、愛知父母懇そしてアスクネット（NPO 法人）から成る実行委員会が主催者である。毎年、今を時めく著名人の 70 件近くの特別講座を含めた 2000 件近くの講座、延べ六万人を超える参加者で大きな盛り上がりを見せてきている。直近の 2018 年度「第30 回愛知サマーセミナー」（7 月 14 日～ 16 日）は、およそ 2180 の講座と延べ 6 万 5000 名の参加者により盛大に行われた。

このイベントの中でも、ひときわ熱気を帯びているのが「中高生弁論大会」である。正式には「寺内杯　大きな学力・波風体験　中高生弁論大会」で、21 回目を迎えた。毎年、20 名前後の応募者によって発表が行われてきた。発表時間を決め、審査員（寺内顧問のほか筆者も会長として参加、他に 2 名の関係者）の評価を受け、上位者は表彰されるという仕組みである。2018 年度では、16 名の高校生がそれぞれにまさに「波風体験」そのものを意欲的に発表し、大きな感動を呼んだ。場面緘黙の生徒の発表は別の高校の生徒が代読する形で行われた。車椅子の生徒のとても前向きな発表もあった。一人ひとりの発表者の生き方は、対話的生き方そのものである。あることでおとな不信に陥り、私立高校で出会った教師との対話でそれが大きく変わり、愛知高校生フェスティバルに参加して仲間を信頼することを学んだ、という主旨は数名の生徒に共通するテーマでもある。否定の否定をくぐった自己肯定、という弁証法性をみずから切り拓いてきたといえる高校生たちの姿に筆者も感動した。同セミナーの別企画で、

第Ⅵ章　市民の教育運動にみる学び・交流の弁証法　**137**

「大人が語る『大きな学力』」がある。これは父母懇のメンバーであるひとの自分史（波風体験）をとおして話し手と聴き手が心温かく交流できる場として設けられ，第13回目を迎えた。筆者も会場で聴いて，子育てと向き合ってきた親としての自立の重みを感動をもって受け止めた。

　ところで，時代はいま大きな曲がり角にある。2017年から18年にかけて，いわゆる「森友学園」への国有地売却問題に関わる決裁文書（国の公文書）の改ざん問題など，財務省という一部局の問題にとどまらず，日本の政治，代議制民主主義の在り方にも大きく関わる事態となった。それは，国民主権の在り方をも揺るがしかねない事態である。政治の倫理をはじめとして，社会・教育・スポーツ面でも，人間関係，他者への接し方や指導の在り方が問われている。道徳というよりは，人としての倫理，何を基本的な価値として生きるか，が日本の社会全体の大きな問題となっている。

　『大きな学力』の冒頭の一文，「『大きな学力』とは何か。それは，『今，時代はどのような人間力を求めているか』を踏まえて考えてみなければ，見えてこないものです」のとおり，この「問い」をわたしたちなりに引き取って，前を向いて歩みだしていくことが一番肝心なことである。高校生たちの弁論も，そのことを後押しする内容である。

　対話的な生き方とは，自分をとりまく他者と対話し，自己自身と対話することを指している。そこには支配や暴力はまったく介在しない。そればかりか，対話の広がりと深まりは，自然や人類の歩み，これからのわたしたちの未来との対話も呼び込むのである。

引用・参考文献及び資料

私学をよくする愛知の父母懇談会（1988）『父母懇読本　愛知の父母懇はたのしいよ』高校出版。
同上「愛知父母懇ネットニュース」（2018年5月27日総会特別号及び7月2日号）。
寺内義和（1996）『大きな学力』労働旬報社。
寺内義和（2005）『されど波風体験　自分の「大きな学力」に気づくとき』幻冬舎ルネッサンス。

第Ⅶ章　対話的生き方の教育，何を為すべきか

第1節　なぜ対話的生き方を問うのか

1　生活指導の原点

「生活指導とは一人ひとりの子どもの現実にそくして，かれらが人間らしい生き方をいとなむことができるように，援助することである」。これは，戦後の生活指導運動をリードして来た宮坂哲文が述べた定義である（宮坂，215頁）。ここには，「一人ひとり」「現実にそくして」「人間らしい生き方」「援助」という四つのキーワードがある。これら個々の言葉をどう解釈するかを議論しても余り生産的ではない。それよりも宮坂が，様々な現実の矛盾を抱え込まされている子どもという存在への配慮と，その生き方への援助を生活指導というしごとに込めている点が大事である。

宮坂が子どもへの配慮と援助を強調するのは，子どもを自由の主体としてとらえ，一人ひとりの個性の尊重，人間としての発達可能性への共感・共鳴を込めてのことである。このことは，宮坂が上記の定義と同時期に書いた論文で，生活指導は「日本近代教育史においての個性の発見，人間の発見の運動であった」としていることからも明らかである。特に「人間の発見としての生活指導」という言い方には，権威の抑圧や内面の支配から解放されるべき自由な人間性を備える一人の子どもという見方が貫かれている（同前，106～107頁）。

そのうえで，「人間らしい生き方」とは何かを再考すると，人間という存在が関係性を備えたものであり，言葉を持つ主体として対話的であることが根源にある。日本の教師が切り拓いてきた生活指導をはじめとする教育実践は，対話的生き方とは何か，どのようにそれを育てるかを探究してきたといってよい。生活指導は領域概念か機能概念かという論争がかつて見られたが，対話的生き方についての指導と解すれば，教科・教科外の領域を通して働く教育機能であることは明瞭であり，その今日的な意義を掘り下げていく必要がある。

2 「ゼロトレランス」方式

　一人ひとりの子どもの発達の実態が多様化していることは，すでに各章で見てきた。子どもたちの生きている現実に即した指導の多様性が求められている時に，文部行政は，問題行動や非行を未然に防ぐためと称して「規範意識の醸成」を全面に押し立てて，子ども管理の方向に舵を切った。その代表的な生徒指導法が「ゼロトレランス」方式（zero-tolerance policing）で，これはアメリカの教育方針から文部行政が移入した考え方である。

　これは文字通り「非寛容」を旨として，学校の規則・規範に反する行動は排除していくやり方である。それは厳密には指導ではなく，子どもどうしの関係をひとまとまりの環境と見なして，この環境の秩序を維持するためにはそれを脅かすもの，あるいは壊すものは排除する，という一見合理的に見える管理方式である。ところが，対象となる子どもがなぜそういう行動を取ったか，その背景にはどのような家庭環境なり生活の実態があるかなど子どもの実際の姿（哲学でいう「実体」）は，この際，関係ない。もともとそのような子ども理解や配慮を排しているからこそ「ゼロトレランス」は成り立つのである。

　アメリカのこの教育方針を紹介し推進してきた者の解説によれば，「ゼロトレランス」方式とは，「大多数の善良な良い生徒の学習環境を守るため，学校の規律や秩序や権威を保つには，ごく少数の一部の問題非行生徒を除外しようとする指導方式」である（加藤，36頁）。「ゼロトレランス」方式は，子どもたちの中に自治の意識や共同で価値規範を創り出すという生活指導の基本的考え方とは対照的である。その推奨者も言うように，生徒との信頼関係を指導の基本に据えてきた日本の教師にとっては，懲戒と処罰によって生徒の反省を促すこの方式は混乱をもたらす。そこを「校長のリーダーシップ」で統制していくのだという。同方式は，そもそも学校の自治をどう再構築するかの考えを欠いているために，この方式を日本の学校に適用すると，校長専決型学校運営になるか，校長が孤立状態に陥るかであって，教師集団の成長や教師相互の指導観の充実は見られない。よって，一時的に効果を上げるが破綻していくのは時間の問題だといえる。

　同方式の影響はすでに出ている。西日本のある中学校の事例では，「例外なき指導」のもとで授業中に教室を抜けだして空き教室に入って眠っていた生徒を見回りの教師がデジカメで撮って校長に通報し，校長から警察に連絡がいって，

その生徒は補導されることになった。別の例では，ある生徒に注意している中でその生徒が教師の腕を振り払ったところ，これは教師への暴力であるとして「別室指導」（同校内の空き教室を利用した「別室」で一定の課題があてがわれること）の対象にされた。これも「例外なき指導」の一環だとされる。ここに，子どもの生き方の持つ固有性や歴史性への配慮をまったく欠いた規律・規則優先の「ゼロトレランス」方式の反教育性が端的に表れている。

3 教師のしごとに求められていること

　いったい，教師のしごとで何が問われているのか。それは，一人ひとりの生き方がまるでローラーで地面をならすかのように事務的・機械的に扱われることに対して，教育実践としてはどうのぞむのか，である。かつて宮坂は一人ひとりの子どもの「生活の中での意識と感情にいつもふれているということ」は「教師にとって絶対不可欠の条件」であり，子どもにとっても「自己の経験している意識や感情を自覚し，表現できるようになること」は「不可欠のいとなみ」であると述べた（宮坂，112頁）。この見地は，新自由主義による排除型社会が進み，学級もそのミニチュアになっていく現在において，改めて確認しておくべき大事な見方である。というのは，その過程にこそ，子どもたちの人間としての成長があり，具体的場面をくぐって獲得される他者認識・集団認識・自己認識が生まれるからである。

　子どもの認識発達に関わるこの重要な論点については，竹内常一が「集団認識・仲間（他者）認識・自己認識」として提起しており（竹内，1976年），同時期の別の論稿「集団認識・自他認識の指導」（竹内，1995年）でも，「集団認識・他者認識・自己認識」を不可分のものとしてとらえること，認識主体の自己変革こそがここでの重要テーマであることを論じた。

　筆者は上述の通り，この点を「他者認識・集団認識・自己認識」として表した。その意図は，ヘーゲルの他者論をベースにして，主体の意識化の対象は本来「他者」であり，集団の認識はそのバリエーションといえること，しかしながら身近な仲間の他者認識を媒介にして初めて集団の認識は成り立つことを表している（参照，折出，2003年）。この点では，基本的に竹内の上記の概念枠組みを引き継いでいる。なお，竹内がその後，「認識」の用法をやめて「自己」と「他者」の出会い・対話・討議をつうじての「世界づくり」としていることについては，子どもとその対象世界の関係を認識論的にだけではなく存在論的

にもとらえる問題意識が働いている。

　教師にとって「不可欠のいとなみ」とした上述の宮坂の論点を改めて受け止めれば，子どもたちが互いを他者として認め，関心を持ち，配慮する関係性の内実のことをそれは指しており，生活指導の倫理的可能性を述べているのである。この課題は，後に，城丸章夫によって「民主的交わりの指導」として，さらに「自他の関係変革をつうじての世界づくり」（竹内常一）という生活指導論に発展してきた。

　すなわち，子どもたちは，他者への感受性を具体的に耕し，豊かにし，主体どうしのつながりを多面的に発展させ，集団としての生活，あるいは私的交わりの生活に意識と関心を向ける。意識と関心を向けるから具体的な他者や出来事への責任（responsibility 応答能力）が生じる。この関係性こそ，倫理の中核なのである。生活指導は，一人ひとりを倫理的主体として育てる教育実践であるし，学校の現実はその営みがいま最も求められる状況に来ている。

　これに対して「ゼロトレランス」方式は，人間関係という環境を効率的に管理する装置として，規律・規則の体系性（一般性）をもって子どもたちを管理するやりかたである。そのもとでは，他者や集団の認識の仕方の面がそぎ落とされていく。そのため自己認識は常に不安定で，こうした子どもたちは，別の弱い存在を見つけていじめるか，自己自身を痛めつけるか，なんらかの負の反応を示すのである。そのような子どもたちの生活現実にさらに追い打ちをかけるように，「道徳」を「特別の教科」として教授しようとする新たな教育政策が登場した。

第２節　最近の道徳教育の問題点

1　「特別の教科　道徳」新設をめぐる問題

　我が国における道徳のこうした保守的な考え方はいまなおも残っていて，2014 年 10 月 21 日付で公表された中央教育審議会答申「道徳に係わる教育課程改善等について」という，いわゆる「特別の教科　道徳」新設の提言にもそれが見られた。こうした動きが何を意味したかは重要であるので，以下に要点を述べる。

　問題の見方として，二つの次元がある。一つは，戦後教育における道徳教育

第Ⅶ章　対話的生き方の教育，何を為すべきか　**143**

問題とのつながりで，今何が起きようとしているのか，である。今一つは，現在の新自由主義的統治への社会的動勢のもとで，この「道徳の特別教科化」問題は何を意味しているのか，である。

（1）　道徳教育はどう変わったのか

　一つめの論点から述べる。かつて道徳時間特設（1958年学習指導要領改訂）について，当時文部行政関係者がそれを「第3の教科」さらには「超教科」と呼ぶことさえあった時に，宮坂哲文は，「道徳時間」のそのような扱いは「学問的根拠がない」と断言したうえで，戦前の修身教育の歴史から見れば「（道徳を：引用者）あとは教科になおして首位にあげる工作が残っているにすぎない」と指摘した（宮坂，「生活指導と道徳教育～道徳特設時間と生活指導」（1959年），同前所収204頁）。

　「道徳」を「首位」にあげることは，戦前の修身教育体制における修身首位主義を指している。「教育勅語」発布後，明治政府によって修身科は各教科の筆頭に位置づけられ，他の教科を支配する超教科と見なされた。この修身教育体制が，以後の国家主義教育の柱となった。政治学者・石田雄によれば，修身教育が果たした本質的な内容は，自然的心情をもって「忠君愛国」を基礎づけた明治期前半の「忠孝」教育を，個人の自由を制限して天皇制国家への服従をもって「忠君愛国」とする国家絶対主義の教育に転換することにあった（石田，21頁以下）。この「家族国家」観による道徳教育は，市民的自由と結びつかないために国家意識を市民生活に内在化させることができなかった我が国ナショナリズムの形成と一体のものであった（同前，138頁以下）。

　「道徳の特別教科化」（実際には，その教科だけは2018年から小学校で導入された。）とは，このような歴史性を踏まえるならば，まさにその道につながる問題を含んでいると，筆者は考える。上記答申も文部行政も，戦前の「修身科復活」と取られないように教育界や国民に慎重に説明をして，むしろ子どもたちの「荒れ」やいじめの多発や痛ましい少年事件等に対してこれまでの道徳教育が効果を見せていないことを「特別教科」新設の主な理由とした。

　しかし，ここには問題が二つある。（ア）子どもたちの起こす（起こさずにはおれない）「諸問題」を口実にしてその正面からの解決策ではなく教育政策の次元にそれをスライドして「道徳の特別教科化」を狙ったこと，（イ）道徳教育に係わってきた現場の教師に責任があるかのように，教師を（道徳教育の効果不

達成の責任を問われる）「被告席に置く」論理をとったことである（城丸，1992年，104頁）。

（2）「自己責任」という価値規範

「特別の教科　道徳」は、オブラートに包まれた表現ではあるが、その内実は、他の教科と相並ぶのではなく学校における道徳教育全体をリードしていく位置につく教科として政策化された。そこに見え隠れするのは宮坂がかつて述べた「首位にあげる工作」にほかならなかった。それが実際に出現した。文部科学省は、一部改正学習指導要領を2015年3月に告示し、「特別の教科　道徳」を新たに設けた。小学校編の総則では次のように述べた。その全面的実施は2018年からとされた。

　<u>学校における道徳教育は、特別の教科である道徳（以下「道徳科」という。）を要として</u>学校の教育活動全体を通じて行うものであり、道徳科はもとより、各教科、外国語活動、総合的な学習の時間及び特別活動のそれぞれの特質に応じて、児童の発達の段階を考慮して、適切な指導を行わなければならない。道徳教育は、教育基本法及び学校教育法に定められた教育の根本精神に基づき、自己の生き方を考え、主体的な判断の下に行動し、自立した人間として他者と共によりよく生きるための基盤となる道徳性を養うことを目標とする（下線は引用者）。

教育現場では、「道徳の特別教科化」でその授業をやらざるを得なくなるならばどのようにするか、という論議が先行した。中央の文部行政の動きに後れを取らず、逆らわずに順応していくという今日の教育界の風土の現れともいえるが、それだけではなく、「いじめ問題」や暴力の低年齢化、さらには市場原理優先社会で諸個人が身に付けるべき道徳規範の教授はやむなし、とする世論が目立ってきたという社会的な背景もあった。

　こうした動向が示したのが二つめの論点、すなわち、新自由主義的統治に適応する価値規範の転換であった。それが「自己責任」である。これは、「自分の判断がもたらした結果に対して自らが負う責任」（『広辞苑』）とされる。少し具体的に見ると、学業、就職、職務上の成果、家庭生活における育児、親の介護等、そして日常の購買・消費等に至るまで、すべて一人ひとりがその行動の選択の

主体でもあるが同時にその結果には本人が責任を負い，事に処していくべきだ，という価値規範である。

この背景には政治政策の転換があったことも見落としてはならない。それは，国民の最低限の生活保障のために公費を投入していく福祉型国家から，できるだけ社会保障も個人負担に委ね，国庫からの財政支出を縮減していく「小さな政府」への大転換である。このことは，日本国憲法第 25 条「すべて国民は，健康で文化的な最低限度の生活を営む権利を有する」が，我が国の政治においてどのように重んじられ（あるいは軽んじられ），その施策のために政府が先頭になって諸改革を行うかどうかにも大きく関わる問題なのである。

このような幾重にもつながる諸問題を含んで「自己責任」は新自由主義的統治のシンボル的な価値として，1990 年代以降あらゆるところで人びとの生き方に係わって語られ，持ち出され，その自覚が求められてきた。その意味することは，こうである。新自由主義はそれが浸透すればするほど社会的関係を必要としないためにそれを解体していく。その結果，コミュニティの瓦解と分散化によって，人々は「浮き草」状態となり，このような社会的不安定さに対する個々人の自己管理，行動規範，そしてリスクに対処できる価値観を備えた生き方を持て，という国民イメージの大きな転換である。しかも，その「自己責任」をになう国民は同時に「国家の一員」としての愛国心，我が国の伝統と文化に対する自覚と実際の行動能力を持て，ということにある。

すなわち，「自己責任」は，一人ひとりの主権者がこの国ではどのように遇せられ，保護されるかを逆に照らし出す問題なのである。

2 排除型社会を背景として

以上の二つの次元を全体として捉えることが今とても大事である。なぜなら，新自由主義が「自己選択と競争の自由」を徹底すればするほど，社会は排除型社会になっていき，個人の不安と孤立化はむしろ広がるからである。経済格差を背景とした地域社会の家族の孤立，職場での互いの牽制や排他的な関係性のことなどがそれを物語る。そして，アメリカの教育思想家・デューイが「学級は社会のミニチュアである」と述べた通り，学校や学級もまさにその小型の社会となっている。大人にも子どもにも，この排除の関係性からくる不安定さが生活に蔓延しつつあるからこそ，各人は，規範意識を核とする自己の道徳能力を身につけよ，そのためには学校教育における道徳強化は必須だ，という構造

なのである。

要するに，なぜ，いま「道徳の特別教科化」なのかといえば，それは，新自由主義的統治をより十全に遂行し，より安定化させるには，新自由主義が求める価値観念を身につけて行動できる，国家の針路に従順な大量の人材を育成しなければならないからである。しかも，そこに，「国家の一員」たるにふさわしい日本の国の「伝統」と愛国心，家族，地域，学校，職場それぞれの個別の責任と規範・秩序という普遍的な価値への同化という人格形成作用を織り込もうとしている。「道徳の特別教科化」問題の裏には，新自由主義統治と道徳支配との関係が相互に補完する関係で登場しており，「道徳科」が実施されている今，その動向を注目していく必要がある。

第3節　〈管理なき管理〉の徹底：教育政策の分析

1　「教育振興基本計画」の教育介入とその権力性

子どもと教師を苦しめている元凶は，今日の教育政策の構図にある。第Ⅲ章第1節で述べたように，2006年教育基本法改正のさいに第17条「教育振興基本計画」が新設された。その第17条は，国家の教育政策の計画を地方の教育行政は「参酌」せよ，と定めている。これに基づいて中教審は「第2期教育振興基本計画」（答申）を2013年4月25日に公表した。その中で，世界のグローバル化の進展からみて日本は産業空洞化や生産年齢人口の減少など深刻な諸課題を抱え，東日本大震災の発生は「この状況を一層顕在化・加速化させた」とした。同答申は，東日本大震災の甚大な被害をマイナス要因とみるだけではなく，「絆」までも，グローバル化に対する民衆の危機意識の遅れを立て直す効率的手段と見ている。

そのうえで，同答申は，教育課題の追究において「検証改善サイクル（PDCAサイクル）が，教育行政，学校，学習者等の各レベルにおいて，必ずしも十分に機能していなかった」と地方教育行政と現場を批判した。引用文のとおり，「検証改善」を理由に教育内容にも介入しかねない性格を有する。しかも，子ども（学習者）までも同サイクル履行の問題点に位置づけている。もともと経営効率モデルであるPDCAをあらゆる教育活動の優位におく点で同答申の非教育性は明らかである。

「検証改善サイクル」とは，「成果目標」と「成果指標」のもとに，数値目標の履行と取り組み過程を丸ごと管理するものである。この政策は，現在の学校環境に介入する権力性を最もよく表している。全国の自治体で，教育行政機関は「成果目標」と「成果指標」を詳細に掲げ，これらを管轄下の各学校におろし，その点検・報告，そして検証・改善を指示してきた。教師は，子どもの生活実態と目標管理との矛盾，乖離に悩まされ続けてきている。管理には，(a) 外からの統制（control），(b) 組織内部の関係調整（management），そして (c) 構成員各自の意識操作（manipulation）の三次元があるとされる。外形は管理せず最も効果的に管理するやり方は (c) である。その対象者たちは自己規制に引きこもり，疑問や批判は一切行わないで，すすんで服従する。貝のように終始口をつぐみ黙々と動く教職員の職場はその現れである。

2　PDCA サイクルの徹底という新管理主義とスタンダード化の問題

「第 3 期教育振興基本計画」（答申）が 2018 年 3 月 8 日に公表された。これは，第 2 期計画の基本的考えを引き継ぐと共に，「客観的な根拠を重視した教育政策の推進」を挙げ，「PDCA サイクルを確立し，十分に機能させる必要がある」としている。第 3 期計画は，経営効率のロジックに強く傾斜し，教育を国の投資的事業とみなし，「教育投資の在り方」について長々と論じて具体策の必要性を述べている。第 2 期計画の「成果指標」は「測定指標」に変えられ，数値的「割合」を増やす数値主義がいっそう露骨になっている。

この PDCA サイクルの徹底と「学校のスタンダード」は，コインの裏表の関係である。「A」＝ act とは，目標（ゴール）達成をさらに改善するためにみずからの立ち位置をリセットして，次は「A+」の状態を目指すステップであり，そのステップが次へのスタンダードとなる。このサイクルを解説するサイト PLAN-DO-CHECK-ACT（PDCA）CYCLE では「In this example the "act" step is called "standardize." When goals are met, the curriculum design and teaching methods are considered standardized.」と説明し，「アクトはスタンダード化と呼ばれる」としている。しかも，車の回転のように成果を次の成果へとつなぐのであるから，このサイクルには終了はない。その目標・過程の丸ごと管理が教師の疲弊の大きな要因となっていることは明らかである。（URL=http://asq.org/learn-about-quality/project-planning-tools/overview/pdca-cycle.html）

労働問題を専門とする熊沢誠は，教師の長時間過密労働の問題を前に，「教師

148

たちのこのような心身の疲弊を視野に入れないままの教育問題の議論は，まことに虚妄というほかない」と指摘した（熊沢，144頁）。また，イギリスの研究者は，データを基にした評価がデータをゆがめさせ，なおかつ外部評価がもちこまれて医療と似た現象「教育トリアージ」が発生すると指摘している（中澤，82頁）。

3　教育計画の指標になじまない子どもたちの排除

そもそも一国の教育計画が「検証改善サイクル」に大きく傾斜すること自体には，根本的な問題がある。

第1に，教育の哲学ともいうべき基本的視点が見られない。学校はどうあるべきか，どのような学びをいま創り出していくか，そのための教育的関係や指導の在り方をどう構築するか，18歳選挙権の時代において主権者の育成とはどのような内容のものか，などの教育のあるべき姿の探究を棄てたに等しい。教育の成果や進行状況をつかむうえでデータによる検証は必要であると認めるが，それはあくまで教育本来の事業をよりよくしていく為の補助的な作業である。ヘーゲルの哲学の視点から言えば，その検証データは，子どもと学校を取り巻く現象の悟性的な認識に資するものであって，どう教育を変えていくかという理性的な認識へと深めるための理念の提示がどうしても必要である。

第2に，スタンダード化する教育の中で，現場では「顔＝表情」が失われるという指摘がある（藤井，59～63頁）。子どもの様々な現実を感知しながら，その働きかけを工夫し構築していく教師の主体性が鈍らされていくのである。また，前述した学校教育上の目標達成に関わる「割合」を増加させよという成果向上主義の「スタンダード」は，教師がマニュアル（手順）を使うのではなく手順が教師を従える逆転現象を生み，教育そのものの生命力を失わせる恐れがある。

第3に，子どもの声を聴き子どもと共によりよい変革に取り組もうとする教師は全国にも多いが，その成果がすぐには見えないために，PDCA型の「結果」を出せという校内の流れに引きずられやすい。そこへ教員評価が絡むために，図らずも教育委員会あるいは勤務校の「上からの」施策に従うことでその葛藤をかわそうとすることになりやすい。しかし，数値化やデータ検証を優先することにしだいに慣れてくると，教師の目線が子どもたちから離れ，外形的な「結果」に傾斜していく。ヘーゲル的にも意識がその対象とつながるのは対象の中

にいる自分を見出すからである。いわゆる「教育のこころ」が子どもたちから離れ，データに振り回され始めると，教師の実践はデータのためのデータをあげる作業に変質していくリスクを負う。最悪なのはそれをリスクとさえ感じなくなることである。

第4節　対話的生きかたについての指導と集団づくり

1　参加民主主義の集団像を手がかりにして

　主に小中学校の教師と研究者で構成する全国生活指導研究協議会（全生研）の研究と運動は，子どもの権利条約（1989 年国連採択，日本国は 1994 年に批准）の理念を受け止め，これを教室に，学校に根付かせる子ども集団づくりをめざしてきている。これは同常任委員会編『新版　学級集団づくり入門』の成果を引き継ぎつつ，これからの展開を構想する過程として同編『子ども集団づくり入門』へと具体化されてきた。いまめざす集団づくりのキーワードは，子どもの一人ひとりを権利主体として育てる市民的自立，その知の力につながる学び，相互承認に立つ共同と連帯を基礎にもつ自治，である。この全体を概括して参加民主主義の集団像の探求と言い換えてもよい。

　ここでいう参加民主主義とは，行動する市民像を母体とし，直接に自分たちの声を反映させていく行動様式を主たる内容として含み，その実行に必要なリーダーシップとフォロアーシップの関係を有する民主的行動と認識をさしている（篠原，77 頁以下）。この課題の意義は，国政や地方政治を見ても脱政治化現象が見られる中で，学校教育をつうじて子どもたちに「市民としての行動性」（折出，2003 年）にふさわしい権利意識と行動能力を育てることにある。また，実際の市民参加は中央集権化された民主主義体制の下で権力と向き合うこともしばしば起きるので，少年期・青年期をつうじて知的で自由な批判精神と民主的な自治能力，そして多様な意見を反映する合意形成力を，生活問題を解決する過程で身につけることが必要である。

　ここで集団づくりの実践に即して考えてみたい。かつて，「このクラスに班をつくります。それはみんなの力でこのクラスをよくしていきたいからです」と教師が班づくりを宣言し，制度化して，学級集団づくりを開始してきた。その背後には，教師の描く集団の民主的発展像があり，その初期段階としての「班

づくり」の呼びかけが重視された。その場合，班づくりは，めざす集団発展像へのルートであった。参加民主主義に立つと，同じ班づくりでも，集団と共に生きる意味を丁寧に伝えることで，関係性の自覚に基づく行動を呼びかけることを重視する。以下は，筆者が考案した小学生向けの呼びかけである。

　この教室は，あなたたちが元気に育ちあう場です。学校はここを『学級』（または『クラス』）と呼んでいますが，皆さんにとっては，学びあう場ですし，仲間をつくり，みんなで話し合って決めていくことのできる場です。自分の気持ちやしたいことは大切ですし，仲間の一人ひとりも同じような気持ちを持ち，したいことをもっています。どれも大切なことです。
　でも，それをぶつけ合っては，まとまりません。声の大きな人や腕力のある人がやりたいことやっていくのでは，ほんとうに楽しいことはできません。一人ひとりにいろいろの願いやしたいこと（要求）があることを認め合いましょう。いま，皆さんと一緒にこれからの〇年△組の生活をつくっていきましょう。誰もひとりぼっちにならないし，一人ぼっちにさせないようにします。誰もいじめないし，いじめられないようにします。ここでは，どんなまちがいやつまずきも，みんながわかるための大事なたからです。誰も，そのおうちのことやこれまでの育ってきたことで，いやがらせを受けてはなりません。毎日の生活では，いろいろのことで意見がちがったり，ぶつかったりしますが，そのときは大声で自分のしたいことを押し通さないで，こうしたいけどいいか，とみんなに聞いてください。そのことで話し合いの時間を取ります。『こうしたいけどどうですか』というみなさんへの問いかけを『原案』といいます。はじめは先生がやってみることにしますが，もともとはみなさんが誰でもそれをだしていいのです。『原案』について話し合うには，誰でも意見が出せるように小さな話しやすい仲間の関係が大事ですから，そういうグループを作って，この『学級』を一緒につくっていきます。皆さん一人ひとりが，ここでは主役ですから，毎日どうぞ笑顔をみせてください。

　このメッセージは，クラスの子どもたちの権利宣言（それは教室空間における平和の相互確認である。）の元になる集団づくりへの呼びかけである。学級づくりのスタートにあたり「初めに班ありき」ではなく，「初めに子どもの権利の相互承認ありき」が生活指導・集団づくりの出発点になる。

第Ⅶ章　対話的生き方の教育，何を為すべきか　**151**

　もう一度，その呼びかけのポイントを整理すると，① お互いを認め合える関係があって集団があるし，集団が活動するには，一人ひとりが主役として大事にされる関係がないと子ども集団としての自主的・自治的活動にならない。② 誰一人，生育環境や生い立ちのことで攻撃されたり差別されたりしないことを，お互いの約束として交わす（社会契約のイロハ）。③ 参加とは，自分の意志表示をもってなかま（他者）と関わることであることを子どもたちに学ばせる。④ 集団の合意は「原案」をめぐる話し合いでつくり出される。

2　差異と参加から立ち上がる生き方

　このような集団づくりへの指導は，第Ⅱ章でもふれたように，たとえば故鈴木和夫による市民的権利宣言の実践などに実際に現れていた。鈴木は，アメリカ・ワシントン州オリンピア市の「市民としての権利」五条を子どもたちの指導の基本方針に取り入れたと述べている。それは子どもたちの関係性に対する市民としての認識を育てるためであった。鈴木による「Ｔと集団づくり」の実践報告に見る学級集団の指導構想はそこから出ている（鈴木，2005 年。Ｔとは，すさんだ行動のために集団で孤立しがちな小６の男児のこと）。

　筆者の調査研究の経験では，カナダ・トロント市のパブリックスクールの初等教育において，低中高学年のそれぞれの雰囲気やスタイルで，子どもの権利が宣言されていた。それは教室の壁新聞として，あるいは天井からつり下げられたポスター風の用紙に，「共に学びあおう」「違いを大事にしよう」を意味する「Make a Difference」とうたわれていた。中等教育段階ではそれを概念化してクラスの政治性（本来の意味での市民的権利行使の公共性）を表明していた。それらは，各クラスにおいて子どもが安心・安全に生活するための土台，開かれた公共空間を創り出す学校としての教育方針であり，学校設置者及びその管理責任者と子どもたち（並びにその親権者たる保護者）との契約関係だといえる。このように，参加を基盤とする教育実践は，まず子ども自身が権利主体として自己と他者を認めることから始まって，相互の声を出し合える対話と討議の空間を仲間と共に保持していく自治的集団づくりへの参加を指導の課題とするのである。これは，管理的・団体主義的で，権威的・内面統制的な「和」とナショナリズムの融合した精神風土に由来する学校秩序を変えていくものである。と同時に，新自由主義的な排除型社会のミニチュアとなっているクラスの排除的な対立とトラブルを子どもたちの手で乗り越える社会的基盤を育てるものである。

参加民主主義の「参加」とは，誰が，どういうことに関心を持ち，どのようなちからを獲得して，誰のための生活空間をつくろうとしているのか，を内実として含んでいる。暴力をおこさず，暴力にうったえず，暴力を黙認しない。そういう子どもたちが育っていく過程には，規則と決まりの体系としての徳目主義道徳が中心に位置づくのではない。一人ひとりが他者に配慮し，自己表現のできる安全を共有し，これらの民主的価値を一歩一歩実現していく行動を進める。これらが子ども集団の文化として表現されるから，そこには倫理が生きて働いている。生活指導のしごとは，このような価値追究の主体を育てる営みなのである。

3　教育実践の「3Cs」と対話的生き方の教育

いま子どもたちは自分の居場所が不安定で，それをさまざまな「問題行動」で表している。内的な葛藤や不安状態を行動化することをアクティング・アウトというが，それが子どもたちにも現れている。文科省が行った「平成28年度児童生徒の問題行動・不登校等生徒指導上の諸課題に関する調査」（確定値）によると，「暴力行為」に関して今までにない特徴がみられた。低年齢化していることである。暴力行為の状況（学年別加害児童生徒数）は次のグラフの通りである（文部科学省サイト）。前年度比で見ると，小1で59％，小2で44％，小3で42％，小4で35％，小5で24％，小6で15％の増加となった（表1）。

小1から小3にかけて増加が著しい。小学校の他の学年も増えているし，中学1・2年は依然として発生数が多い。こうした背景には，友達関係や学級集団の問題，家庭的な要因などが推察されるが，筆者は，かれらにとって居場所のなさがそのようなアクティング・アウトにつながる一要因ではないかと見る。何よりもまず，学級・学校生活における親密な居場所（domesticity），つまり緩やかな関係性をもつ生活拠点を子どもたちに保障することである。学級のサイズも，小中学校のどの学年でも30名以下の少人数学級にすることが望ましい。そのうえで，大事な教育的関係としては，子どものニーズに応える関係性を「3Cs」（care, concern, connection to others）の観点から組み直していくことである。このことを提起したのは，アメリカの研究者・マーティンである。彼女によってこの関係性を学校教育の中に復権させる「スクールホーム」が提起されている。マーティンは，離婚・貧困・銃・暴力・ドラッグによる生活困難と危機にさらされるアメリカの子どもたちの現実から出発し，安全・信頼・つながりを核とす

第Ⅶ章　対話的生き方の教育，何を為すべきか　153

表1

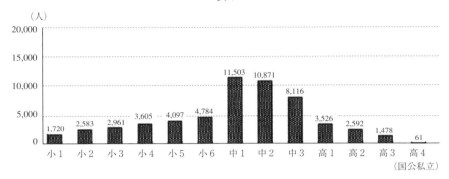

出所：「平成28年度児童生徒の問題行動・不登校等生徒指導上の諸課題に関する調査」より。

る学校，「スクールホーム」構想を述べた。彼女の「3Cs」の理論はケア的転回の教育実践構想に十分通じるものがある。

　その原理を対話的生き方の教育から読み解くと，当事者の経験や思いに対する配慮があること（care），どんなことにどういう意欲を示すか当事者の活動や生き方に関心があること（concern），「一緒にやってみよう」と誘い対話するなど，共同に開かれたつながりがあること（connection）である。特に「対話のあるつながり」とは，子どもが学校権力の指示に応答するのではなく，自分たちのたがいの要求に基づいて問いかけ応答しあう関係性で，民主主義の大事な要素である。近年，いくつかの自治体で行われている「子どもの貧困調査」の結果からも，経済困難層の子どもたちがこの「3Cs」の関係性から疎外されていきやすいことが見えてきた。いじめ・不登校，さらには校内暴力をふるう子どもの背景にも，そのことは現れている。したがって，「3Cs」の観点からの学級づくりや学校運営の見直しは，すべての子どもたちにとっても今必要な課題となっている。

　さらに付け加えると，マーティンは，アメリカの学校が力を入れてきた「3Rs」（読み・書き・計算の基礎学力）の過剰な追求が，「教育」と「家庭」をますます分離してきたと指摘している。他者とつながる対話的な生き方を学ぶために「3Cs」は，今後，注目されなくてはならない。

　以上のことを踏まえて，教育実践の当面する課題を二つ上げておきたい。そ

の一つは，基本的な方向性として，居場所から対話と自治へ，の視点で実践を構成することである。一人ひとりの子どもたちの居場所の確かさが，集団づくりのすべての原点である。このことは小学校でも中学校でも同じである。例えば，指導が難しいとされる中学校の課題については，河瀬直（埼玉）の報告にある直之と教師の関係，また直之をかこむクラスの子どもたちとの関係に，そのことが明解に述べられている（河瀬，70 ～ 92 頁）。直之は，少年時代から暴力的なしつけを受けてきており，そのことで周りに当たり散らす傾向があった。小学校から「俺が悪い」と思わされてきた。そのため，少しでも自分を否定的に扱うとか身体に触ると，「全身でおとなを拒否する」行動に出た。

　河瀬は，その直之の中に，自分の気持ちをじっくり聴いてもらえないことへの彼なりの憤りを感じ取り，彼のペースに合わせながら，とにかく雑談の会話から価値をめぐる対話へと，彼と共に現実に向き合う関係を築いていった。これに直之に言いなりにさせられてきた他の男子も加わり，この居場所を拠点にして直之はクラス集団とも関わり直し，その活動に参加するようになった。リーダーのある女子が「直之が一番成長した」と彼の変革を認めるほどであった。生活が困難で厳しい実態の生い立ちを背景にもつ子どもほど，この「しゃべり場」的関係性は大事である。何気ない雑談でも，本人が言葉にすることで自己対象化（客観化）のきっかけが生まれる。今まで誰にも言えなかったことを言語化することは本人には勇気がいることであるが，しゃべり場的な開かれた関係性が，その当事者を解放していくのである。それは「きみたちとどう生きるか」の実践そのものでもある。

　教師に聴き取ってもらえることで，その子は自分の内面的な葛藤と現実（立ち向かう対象）との間に距離を作り，課題を認識することができる。これが，自己防衛に走るあまりに視野狭窄に陥った関係から脱することにつながり，そこから，同じクラスの仲間との間に承認し・承認される人格的な関係性が生じる。子どもの発達の契機が変わっていく。この場合，河瀬と同じく中学校実践を報告した加納昌美，藤原洋，伊吹望，波田みなみの各氏の報告が示すように，貧困・集団崩壊・被虐待的環境，そして低学力問題の渦中にいる子どもたちは他者からの自己承認と自分の居場所を強く欲している。これに応えるおとなとして，教師自ら多様な仕方で子どもたちと価値をさぐる対話をおこない，子どもの中に社会正義への眼差しを育てている。その対話が「子どもたちの自治の世界へ」という方向性をもったものであることが肝要である。そのことが，班

やグループの小さな集団的世界において当人が居場所を得るように学級づくりを方向づけることにつながる。これが第1の実践課題である。

　もう一つの課題は，「3Cs」による実践の転回と権利主体の形成とをつないでいく構想を持つことである。〈ケア，関心，つながり〉の「3Cs」（前出）は子どもたちが自立していくうえで共通のニーズである。これを豊かに含む子ども集団の形成こそ，いま焦眉の課題である。生活指導と集団づくりを追究してきている全生研は第52回大会基調提案で「子ども集団づくりは，子どもたちの生活と発達の必要と要求に応じて，アソシエーションを立ち上げ，つないでいく子どもたちの社会運動である」とした。班活動の経験がチーム活動や学級内クラブなどの多様な自主活動を生み出し，その成果を自分たちの対話・討論によって意味づけ，自分たちで問題解決の方法を組み立てるようになる。この過程で組み立てられる子どもの自主組織はすべて，「一人ひとりの人間が個別具体的な生活文脈の中で当事者として自由に幸福を追求する」（同前）行動を実行するものである。すなわち，ここには，子どもどうしが互いの権利を紡ぎながら，身体的・精神的な解放のための自主的仲間組織・結社（アソシエーション）をつくりだす過程がある。この自由と解放のための仲間組織を当事者たちが形成することに，今日的な重大な意義がある。さらに，第54回大会以来「ケアと自治」を基本に据えて実践に取り組んできている。子どもたちの人格的自立と発達可能性を，「3Cs」を軸とする関係性，そして〈子ども主体のアソシエーション〉の展開としての自治的活動として，これら両方の面から構想していく時に来ている。

おわりに

　「対話的生き方についての指導，何を為すべきか」と問いかけて論じてきたが，改めて教師のしごとは，一人ひとりを〈子どもの権利〉の主体として尊重し，その民主的な行使を学びや自治的活動，文化活動等をつうじて実現していくことにあることを述べて結びとしたい。

　市場原理優先のこの社会状況をめぐっては，一方では，新自由主義に抗する政治社会の運動として社会権の構築と拡充が必ずや進むであろうし（吉崎，2014年），他方，教育実践ならびに教育運動としては，子どもたちを守り，その将来を願う広範な人びとの連帯のネットワークがいっそう大きな力を持つで

あろう。わたしたちも，互いの〈弱さ〉を認めて「異なる声」を出し合い，対話と連帯を核とする社会づくりに参加していくときである。この見地から教育実践を再構築することは，理解ある保護者に支えられて，今まで以上に参加と自治に開かれる新しい学校を実現することにもつながる。このような学校づくりとこれを自覚的に担う教師のしごとが，歴史的な必然性を帯びるほどにいま目の前に課題として生起している。

　様々の軋轢や困難をのりこえながらつくりだす実践の軌跡は，教育学的には，対話的生き方を育てる営みが教育の方法概念であると共に学校教育を変える目的概念でもあることを，この時代の只中で，実践と研究と運動をとおして共々に立証することである。

引用・参考文献

ブルジェール，F.（2014）『ケアの倫理　ネオリベラリズムへの反論』原山哲・山下りえ子訳，白水社（文庫クセジュ）。

中央教育審議会「第 2 期 教育振興基本計画について（答申）」（2013 年 4 月 25 日）。http://www.mext.go.jp/component/b_menu/shingi/toushin/__icsFiles/afieldfile/2013/05/08/1334381_02_2.pdf

中央教育審議会「第 3 期教育振興基本計画について（答申）」（2018 年 3 月 8 日）http://www.mext.go.jp/b_menu/shingi/chukyo/chukyo0/toushin/__icsFiles/afieldfile/2018/03/08/1402213_01_1.pdf

藤井啓之（2017）「PDCA から PDSA へ――教師にも子どもにも表情のある教育を」『教育』2 月号，かもがわ出版。

石田雄（1954）『明治政治思想史研究』未来社。

加藤一八（2006）『ゼロトレランス――規範意識をどう育てるか』学事出版。

河瀬直（2015）「直之は本当にいいやつなんです」照本祥敬・加納昌美編著『生活指導と学級集団づくり 中学校』高文研。

子安潤（2017）「教育委員会による教員指標の『スタンダード化』の問題」『日本教師教育学会第 26 号』所収。

熊沢誠（2010）『働きすぎに斃れて――過労死・過労自殺の語る労働史』岩波書店。

Martin, J. R. : *The Schoolhome Rethinking School for Changing Families*, Harvard University Press 1995. 生田久美子訳（2007）『スクールホーム―"ケア"する学校』東京大学出版会。

宮坂哲文（1975）『宮坂哲文著作集 I』明治図書。

中澤渉（2016）「教育政策とエビデンス」『岩波講座教育 変革への展望 2』所収。

折出（1994）「新学力観の批判」『愛知教育大学研究報告』43 輯（教育科学編），39 ～
　51 頁。

折出健二（2001）『変革期の教育と弁証法』創風社。

折出健二（2003）『市民社会の教育——関係性と方法』創風社。

篠原一（1977）『市民参加』（現代都市政策叢書），岩波書店。

城丸章夫（1992）『城丸章夫著作集』第 3 巻，青木書店。

鈴木和夫（2005）『子どもとつくる対話の教育　生活指導と授業』山吹書店。

竹内常一（1976）『教育への構図——子ども青年の発達疎外に挑む』（高校生文化研究会。

竹内常一（1995）『竹内常一　教育のしごと』第 2 巻，青木書店。

竹内常一・折出健二編著（2015）『シリーズ教師のしごと ① 生活指導とは何か』高文研。

横湯園子・世取山洋介・鈴木大裕（2017）『「ゼロトレランス」で学校はどうなる』花
　伝社。

吉崎祥司（2014）『「自己責任論」をのりこえる　連帯と「社会的責任」の哲学』学習の
　友社。

全生研（2010）「第 52 回大会基調提案」（文責：山本敏郎）『全生研第 52 回全国大会紀
　要』（私家版）。

あ と が き

　本書の序章と第Ⅲ章は新たな書き下ろしをベースにしている。それらをのぞく第Ⅱ章以下は既発表が基になっている。その各論稿はその時々の課題とするテーマで書いたものであり，発表期間が約10年ある。この間の激変と流れの速さを見れば，そのまま収録するのではなく，現時点の問題意識のもとに再整理することが必要だと考えた。そこで大幅に書き直したり，他の論稿とつないだりして構成した。元の論文は以下の通りである（発表順）。

・「教育における依存的自立——自己と他者の弁証法」唯物論研究協会編『唯物論研究年誌第12号　自立と管理／自立と連帯』青木書店，2007年，133～153頁。
・「市民的自立の学校——関係性の再構築」豊泉周治・佐藤和夫・高山智樹編著『哲学から未来をひらく ② 生きる意味と生活を問い直す——非暴力を生きる哲学』青木書店，2009年，228～249頁。
・「人間的自立の支援とアザーリング」日本生活指導学会編『生活指導研究』第29号，エイデル研究所，2012年，22～35頁。
・「教師のしごと，いま何を為すべきか」全生研常任委員会企画・竹内常一・折出編著『生活指導とは何か』（シリーズ教師のしごと ①）高文研，2015年，171～191頁。
・「〈他者からの承認〉といじめ・暴力の克服」『人間と教育』第94号，旬報社，2017年，52～59頁。
・「全生研第60回全国大会基調提案　第1部　今日の教育情勢と教育実践の立ち位置」『生活指導』第739号，高文研，2018年，44～54頁。
・「『資質・能力』批判と人格形成の課題」『教育』第871号，かもがわ出版，2018年，44～51頁。

　学術の研究誌または共著に所収の次の三論文は本書には収めなかったが，いずれも本書刊行時より一年以内にまとめたもので，最近の筆者の問題意識を表わしている。もし機会があればご一読・ご批正をお願いしたい。

・「道徳教育と教育勅語問題——戦後道徳教育振興期の論点に学ぶ」日本教育学会教育勅語問題ワーキンググループ編『教育勅語と学校教育』世織書房，2018年。
・「教育方法学研究における『戦後』教育実践」日本教育方法学会編『教育方法47』図書文化，2018年。
・「人権主体の自立とアザーリング」『日本ヒューマンヘルスケア学会誌』第3巻，第2号，2018年。

　また「教育の弁証法」を理論的にしかも系統立てて述べることが主になったことや全体の分量の関係から，本書では扱えなかったテーマがある。それは，不登校，子どもの貧困，子ども虐待の問題である。筆者は，「登校拒否・不登校問題　全国のつどい」の愛知開催実行委員長，愛知県子どもの貧困対策検討会議委員，そして愛知県内の児童虐待死亡事例等検証委員会委員長を務め，じかに父母の声，若者の声，虐待死事案の関係者の声を丁寧に聴き取る活動を重ねてきた。それぞれの事案の構図を読み解くうえで弁証法的な思考や視点が役立ってきた。しかし，それらを理論的な柱で整理するにはもっと原理的な探究が必要である。機会があれば，他日を期したい。

　末尾になったが，出版事情の厳しい中，創風社の千田顯史氏に前3作（『変革期の教育と弁証法』『市民社会の教育——関係性と方法』『人間的自立の教育実践学』）につづき4度目のご援助をいただいた。筆者の古希にふさわしい記念碑的な書を上梓することができた。ご配慮に心より感謝申し上げる。

　表紙画は，前3作に続いて，今は亡き角岡正卿氏（画家，元中学教師）によるフィレンツェの『ヴェッキオ橋』の画を，奥様の了解を得て使わせていただいた。

2018年9月
著者しるす

執 筆 者 紹 介

折 出 健 二（おりで　けんじ）

　　1948 年，広島市生まれ。広島県立国泰寺高校を卒業後，広島大学教育学部に入学。大学紛争期の時代を経て，卒業後同学部の教育専攻科で１年，ヘーゲルの哲学等の指導を受けて，広島大学大学院教育学研究科修士課程に入学（教育方法学専攻）。

　　同博士課程に進学して在学中に，愛知教育大学教育学部助手として着任。同大学教授を経て，７年間，同大学副学長・総務担当理事に就任し，2014 年，退職。愛知教育大学名誉教授。2015 年から人間環境大学看護学部特任教授。

　著　作：各章末に掲載のもの及び「あとがき」に記したものを参照されたい。その他
　　　　　には，地元の名古屋で次のものを出版した。
　　　　　『そばにいる他者を信じて子は生きる』
　　　　　『他者ありて私は誰かの他者になる──いま創めるアザーリング』
　　　　　（いずれも，ほっとブックス新栄）

　社会的活動：日本生活指導学会理事，日本教育方法学会理事，全国生活指導研究協議
　　　　　　　会研究全国委員，愛知県児童福祉審査部会長，あいち県民教育研究所所員。私学を
　　　　　　　よくする愛知父母懇談会会長（2017 年より）。

対話的生き方を育てる教育の弁証法
── 働きかけるものが働きかけられる──

2018 年 9 月 10 日　第 1 版第 1 刷印刷	著　者	折 出　健 二
2018 年 9 月 20 日　第 1 版第 1 刷発行	発行者	千 田　顯 史

〒113 ─ 0033　東京都文京区本郷 4 丁目17 ─ 2

発行所　　（株）創風社　電話（03）3818─4161　FAX（03）3818─4173
　　　　　　　　　　　　振替 00120─1─129648
　　　　　　　　　　http://www.soufusha.co.jp

落丁本 ・ 乱丁本はおとりかえいたします　　　　　　印刷・製本　光陽メディア

ISBN978─4─88352─250─7